「TOMA式面談」
5つのプロセスと
7つのテクニック

A leader having a good relationship with their team is the key to success.

部下とは15分だけ話しなさい!

藤間秋男

水王舎

はじめに

「せっかく採用した人材が、すぐに辞めていってしまう」

これは規模の大小を問わず、今、多くの組織が抱えている大問題です。

私は現在、コンサルティング活動を通じて「100年残る会社を創る」という夢に取り組んでいることから、少子高齢化・人口減少のこの時代に「会社の未来を担う人材を採用し、育成していく」ということの大切さは非常によくわかります。

そして、誰もが感じていることかもしれませんが、「(会社から)人が辞めてしまう」ことの最大の原因は、やはり「上司と部下のコミュニケーション」の問題でしょう。

「上司が厳しいから、辞める」

「上司とソリが合わないから、辞める」

「自分のやりたいことをやらせてもらえないから、辞める」

そうした部下の側の言い分が、全国の会社で毎日のように聞こえているというのが現実です。


一方、経営トップをはじめとした上司の側にも不満はあります。

「今の若い世代の考え方は、甘いと思う」

「どうも若い社員とは価値観が合わない」

そう常々考えている上司も少なくないはずです。


こうした問題は、お互いがコミュニケーションを取ることによってお互いを知り、解決策も導き出せるはずなのですが、今の時代はそのコミュニケーションの機会が激減しています。

働き方の変化によってそもそも上司と部下が顔を合わせることも少なくなり、またかつてはある意味〝良いこと〟とされていた、経営者と社員、上司と部下の深いコミュニケーションや会社が一丸となる連帯感も、〝悪いこと〟と捉えられる風潮があります。

「もっと自分の時間を大切にしたい」
「ひとつの会社に居続けるなんて時代遅れ。転職を重ねてキャリアを磨きたい」
「会社のことばかり考えさせられるなんて、ブラック企業だ」

若い世代のみならず、そう考える社員がほとんどと言っていいのではないでしょうか。

上司と部下の信頼関係の構築なしには、人材の流出の問題はいつまでも片付くことはありません。

そして、信頼関係の構築のためには、ある程度深いコミュニケーションも必要です。

ただし、今はそうしたコミュニケーションを取ることはなかなか難しい時代……。

問題は堂々巡りです。

さらに、経営者や上司の本音として、「そこまで部下に関わっている時間がない」「いつもいつも部下のことを見ていられるわけではない」ということもあるでしょう。

経営者は経営者で考えなければならないこと、やるべきことがたくさんある。

また上司も、いわゆるプレイングマネジャーとして自ら会社の数字をアップさせるという命題がある。


今、多くの組織に求められているのは、「深く、かつ効率的なコミュニケーション手段」であると言えます。


本書で紹介する「月に1回、15分間の1対1の面談」は、まさにそうしたコミュニケーションのノウハウです。

嫌がる部下を無理矢理飲みの席に誘う。

苦手な若手と長い時間かけて話す。

そのようなことはなしに、上司と部下が信頼関係を構築し、お互いの価値観をすり合わせることができる。そんな仕組みなのです。

これはリアルの職場であれ、オンライン上であれ、変わりのない効果を発揮することでしょう。

もちろんニュアンスは微妙に違ったものになるかもしれませんが、本質は同様です。

ここで先に「1対1　15分の面談」の最大のポイントをお伝えすると、それは「（面談は）あくまでも〝部下のためのもの〟である」ということです。

「上司と関わるのは嫌だ」という若い世代の部下も、実際には「もっと自分の話を聞いて欲しい」「もっと仕事の相談をしたい」と願っていることが多々あるものです。

しかし、それを叶えることができず、ある日突然、組織から去って行ってしまう……。

相手は会社の未来を託すことができる次世代リーダーであったかも知れないのにです。

これは非常にもったいないことだと思いませんか？

経営者、上司、すべての部下を持つ人に、ぜひ面談ノウハウを試していただきたいと思います。

では、本書の内容を簡単に紹介しましょう。

まず第1章では、「若手社員が、入社後すぐに、次々と辞めてしまう」ことの時代的背景をあらためて見ていきたいと思います。

第2章は、TOMA式の「15分　1対1面談」の概要をお伝えします。なぜこの面談方式が効果的なのか？　がおわかりいただけるでしょう。

第3章は、この1対1面談を会社の仕組みとして導入させるためのポイントをお伝えします。

第4章は、面談を実施するそのノウハウを、5つのプロセスで紹介します。

第5章は、面談の際の〝テクニック〟に関するお話です。面談の最中に気をつけなければならないことをお伝えしていきます。

第6章は、ケーススタディです。実際にクライアントから私たちの会社に寄せられた質問に基づき、面談がスムーズに進む方法を紹介します。

そして終章では、部下とのコミュニケーションの基盤ともいえる「経営理念」についてお話しさせていただきます。特に経営者の方には、ぜひお読みいただきたい章です。

それではさっそく、始めましょう！

藤間秋男

目次

はじめに／3

第1章

なぜ有望な若手社員が、次々と辞めてしまうのか？

◯従来のやり方が通用しない時代／22

【働き方の変化1】

「働き方改革」→「新しいスタイルの働き方」の登場／24

【働き方の変化2】

「メンバーシップ型雇用」から「ジョブ型雇用」へ／26

【働き方の変化3】

転職・副業が当たり前に／28

○「わかりづらい世の中」で将来に悩む若手社員／31
○「ちょっとした話」ができない／33
○「信頼関係構築の場」の消失／35
○若手ビジネスパーソンたちは今、「売り手市場」にいる／38
○次々と辞めてしまう若手社員を引き止める術はあるのか？／40

第2章 「1対1 15分面談」で会社は伸びる！

○離職の問題を「面談」で解決する！／44
○本音のコミュニケーションは「1対1」で／46
○「対面」であることの重要性／47

第3章

1対1面談を「仕組み化」させる

○会議だけでは、本音を引き出せない／49
○「1対1面談」は若い世代との相性が良い／51
○ポイントは「心理的安全性」というキーワード／52
○社員一人ひとりにカスタマイズさせていく経営で会社は伸びる！／54
○「TOMA式面談」とは？／55
○1対1面談実施の効果／59
○1対1面談を「不満のタネ」にしないために／64
○目的は「面談を行うこと」ではない／66

◎社内にメリットを浸透させる／72
◎上司・部下それぞれの課題と目的を明確に／73
◎「気軽に相談できる場」として機能／75
◎1対1面談は〝徐々に〟効いてくる／78
◎1対1面談は「未来への投資」と考える／80
◎面談の進め方　4つのステップ／81
◎【1】人材育成方針を決める／82
◎【2】注意点を踏まえたガイドライン、面談シートを作成する／83
◎【3】マネージャーの面談スキル研修を行う／84
◎【4】社内で浸透するまでフォローする／85
◎「会社全体の取り組み」として進める／86
◎注意しておきたい4つのこと／87

◎「TOMA式面談」の実施例／92

第4章

5つのプロセスで1対1面談を実践！

◎1対1面談の進め方を知る／96
◎プロセス1　事前準備／97
◎プロセス2　部下の働きぶりを認める／104
【相手を認める言葉の例】
相手を認めるには、「具体的なエピソード」と共に／106
◎「ほめる」のではなく、『承認する』／108
◎プロセス3　面談の本題に入る／111

◯「さらに上を頼る」というやり方／113
◯プロセス4　次回の面談までにやるべきことを決める／116
◯プロセス5　面談内容を記録し、相手の気持ちを前向きにして終える／119

第5章

面談トーク　7つのテクニック

◯まずは「傾聴」を心掛ける／124
テクニック1　相手の話は「積極的に」聞く（アクティブリスニング）／126
テクニック2　相手の目を見て会話する／128
テクニック3

相手の話にうなずき、相づちを打つ／129
テクニック4
オウム返しをする／132
テクニック5
すぐに反対、反論しない／133
テクニック6
すぐに答えや結論を出さない／136
テクニック7
相手に寄り添って、根気強く考え方や意見をすり合わせる／138

第6章

1対1面談　ケーススタディ

◎ケーススタディで見る1対1面談／142
◎ポイント1　具体的な話をする／147
◎ポイント2　「大丈夫?」は禁句／148
◎ポイント3　相手から「何を頑張ったか」を言ってもらう／150
◎日ごろから関係性を築く／151
◎よくある失敗例／152
◎1対1面談　上司からのよくある相談例／158

終　章

「経営理念」が会社を成長させる

◎上司は「会社そのもの」であれ／164

◎会社には理念と利益の両輪が必要／166
◎借り物の経営理念はいらない／168
◎経営理念は憲法であり、会社のブレーキ／171
◎あなたの会社の社員に「プライド」はあるか？／172
◎そして理念は経営者を成長させる／174
◎本当に欲しい人を採用できているか？／175
◎理念を潜在意識に叩き込む／178
◎理念があなたの社員を守る／179
◎「会社を伸ばす」取り組みを！／181
おわりに／184

編集協力　中西謡　ＩＰＳ出版株式会社
企画協力　河合克仁　長倉顕太
装　　丁　澤田哲志

第1章

なぜ有望な若手社員が、次々と辞めてしまうのか？

○従来のやり方が通用しない時代

「せっかく採用した有望な新卒の若手社員が次々と辞めていってしまう」

これは日本国内、多くの中小企業が抱えている大きな問題です。

その年に採用した人材の半数が、半年も経たないうちに辞めていってしまったという例も、たくさん見てきました。

少子高齢化、人口減少時代の今、会社の未来を担うべき貴重な若手社員が流出してしまうことの深刻さは、多くの経営者が実感していることではないでしょうか？

「誰かが辞めたら代わりの人材を入れればいい」

……今や、そんなことが易々とできる時代ではないわけです。

若手社員をやめさせたくないがために、「（若手社員には）なるべく優しく接する」ということを旨としている会社もよくあります。「社員が喜んで仕事をする」ことはもちろん何よりも大切なことですが、それだけでは仕事は成り立ちません。時には厳しい指導も必要でしょうし、過ちを注意することも大事です。

しかし今の時代、そうした行いが相手にしてみれば「パワハラだ！」と感じられてしまうことも。実際にある会社では、若手社員に弁護士が付き、会社と争ったということです。

これまではそこまで気にかけなくてもよかった問題がいくつも噴出する今。人々の「働き方」は大きく変化しています。従来のやり方のままでは通用しない、そんな時代なのです。

では、どのような変化があるのか？

今の日本社会が置かれている現状、働き方の変化を今一度おさらいしておきましょう。

【働き方の変化1】

「働き方改革」↓「新しいスタイルの働き方」の登場

２０１９年４月から、「働き方改革関連法」が施行されました。
これには主に３つの柱があります。

・世界的に見ても長時間だと指摘されていた日本の「労働時間の是正」
・場所や時間に囚われない「多様で柔軟な働き方の実現」
・派遣社員やアルバイトなど非正規雇用者での、正規雇用者との間の不合理な待遇の格差をなくすための「同一労働同一賃金」

中でも、「多様で柔軟な働き方」に関する変化は盛んなものとなっています。

たとえば、オンラインを活用しての在宅勤務、企業が用意したサテライトオフィスやコワーキングスペースといった、従来のオフィス以外の施設を利用した働き方、リゾート地で休暇を楽しむ傍で働くワーケーションなど。

こうした、さまざまなバリエーションを持つ「新しい働き方」も周知のものになってきました。

誰もが実感することと思いますが、2020年に始まった新型コロナウイルス感染拡大に伴う生活の変化、いわゆる「コロナ禍」において、「新しい働き方」はその普及を一気に拡大させたといっていいでしょう。緊急事態宣言下におけるステイホーム・在宅勤務で、多くのビジネスパーソンが〝これまでのスタイルとは違った〟働き方を経験しました。

この時代の流れが意味するのは、従来の画一的な発想にとらわれず、働く人々が自分にあった働き方を「自分の手で選択することができるようになりつつある」、ということです。

【働き方の変化2】

「メンバーシップ型雇用」から「ジョブ型雇用」へ

日本の雇用システムの構造に目を向けると、「ジョブ型雇用」を採用する企業が増えてきていることがわかります。

ジョブ型雇用とは、企業があらかじめ職務内容＝「ジョブ」を明確にしたうえで、社内外から適切な人材を雇用する形態のことを言います。

評価においても、勤務時間で評価するのではなく、「ジョブ」における〝成果〟で評価するというもので、主に欧米で一般的な雇用スタイルです。

一方で、従来の日本の雇用スタイルは「メンバーシップ型雇用」と呼ばれます。新卒一括採用と終身雇用を前提として、職務の限定はせずに、自社の一員をゼロから育成するスタイルです。

簡単に言えば、従来のメンバーシップ型雇用では、「会社に人を合わせる」という考えがベースにあるのに対して、ジョブ型雇用では「仕事に人を合わせる」といった

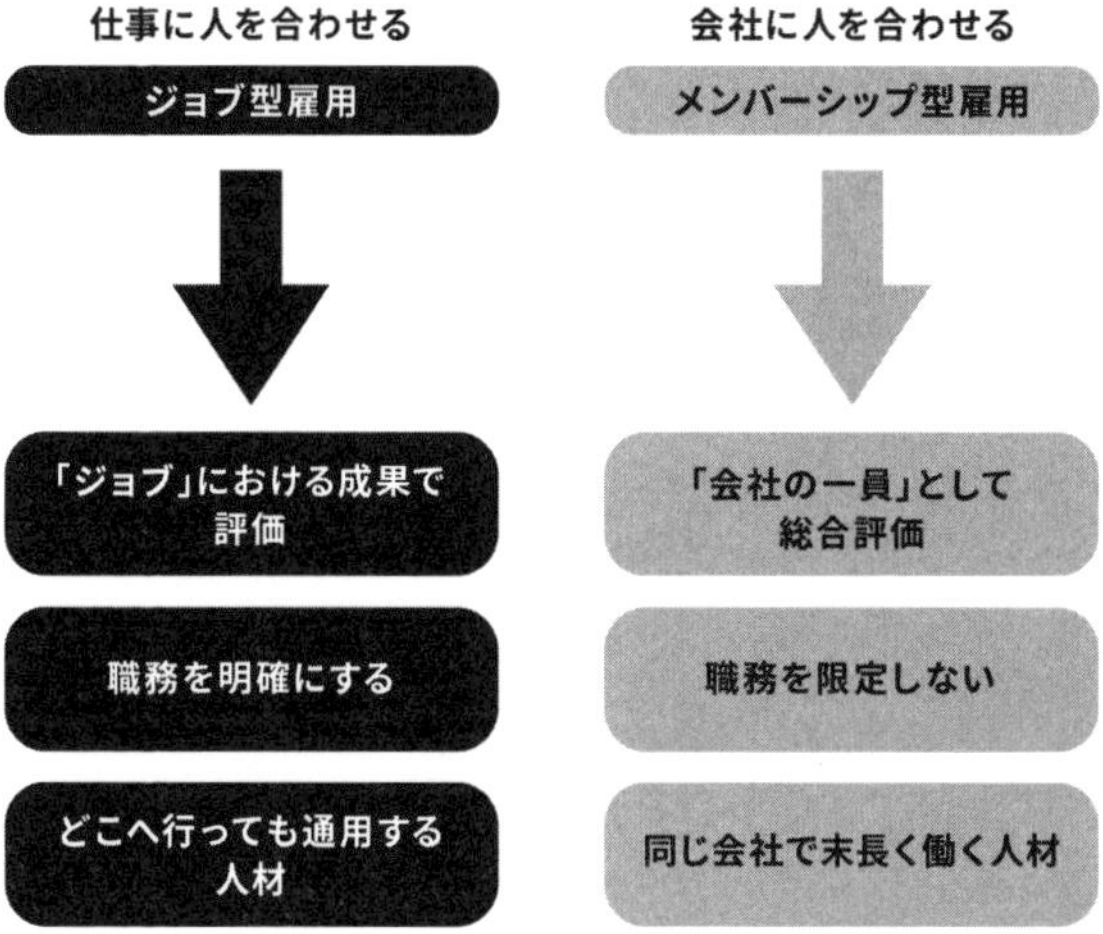
仕事に人を合わせる
ジョブ型雇用
「ジョブ」における成果で評価
職務を明確にする
どこへ行っても通用する人材
会社に人を合わせる
メンバーシップ型雇用
「会社の一員」として総合評価
職務を限定しない
同じ会社で末長く働く人材

考え方をします。

社員の年齢や経験、勤務年数ではなく、個人のスキルや成果が直接の評価基準とされつつあるわけです。

よく、これからは個人の時代だといった論調を目にしますが、このジョブ型雇用は、そうした流れの典型でしょう。

働き手にとってこの流れに乗るには、「会社の一員として、自社の成長に寄与し、末永くその会社で働く人材となる」という考え方から、「個人のスキルを磨き、どこへ行っても通用する人材」を目指すという考え方へと変化していかざるを得なくなるでしょう。

会社側としては、働き手に末永く自社で働いてもらうためには、研修やマネジメント、人材育成により力を入れていかなければなりません。

【働き方の変化3】

転職・副業が当たり前に

これまで見てきたような国による改革、雇用システムの変化などの影響を受けて、「転職・副業」に対する世の中の関心が高まっているということも、今の時代背景にあるでしょう。

以前は、収入を増やしたいと考えた際には、人生における一大決心として別の仕事に就くことが一般的でした。

しかし最近では、気軽に転職をしたり、正社員からフリーランスへ転身する人が増えています。

〝安定した職場〟を見つけるのが難しくなった現代、個人レベルでのスキルを向上させ、収入を得る必要性に迫られています。

前述のジョブ型雇用の普及にも伴って、よりいっそう副業解禁の動きは加速していくでしょう。事実、過去4年間で、ジョブ型雇用は72％増加したというデータがあります。

インターネット上には膨大な数の仕事が掲載されているため、若いビジネスパーソンが新しい職を探し、仕事を切り替えるのは非常に簡単になりました。今やスマートフォンさえあれば、転職活動も難なくできる、という時代なのです。

また、働き方のスタイルの変化に伴い、自らの裁量で時間を管理できる＝転職活動や副業に割く時間に余裕ができたということも、大きな背景でしょう。

さらに、1980年から1990年半ばまでに生まれたいわゆる「ミレニアル世代」と呼ばれる若者層の価値観が、ビジネスにおいてより充実したキャリアを求める、という傾向にあることも見逃せません。

情報化社会のなかで生まれ育ったミレニアル世代の人たちは、これまで新しいことを学ぶ機会がたくさんあり、そのなかで自分に本当に合った、多くの自由がある環境にいたいと考えています。

そのため、今の仕事が自分が求めているキャリアを与えてくれない仕事であったり、今いる会社では自分自身の成長ができないと少しでも感じてしまうと、容易に仕事を辞めてしまうわけですね。

一般的にビジネスパーソンは4～5年ごとに転職すると言われていますが、若い社員の場合、離職率はさらに高くなります。この変化は、経済の変化、職場文化の変化、人々がより良い仕事を見つけやすくする新しいテクノロジーの変化にも大きく関係しています。

◯「わかりづらい世の中」で将来に悩む若手社員

働き方改革による新しい働き方のスタイルの登場と普及。

「ジョブ型雇用」への雇用形態の変化。

転職・副業が容易になった環境。

前述の3つの変化で見てきた通り、働き方はより「多様」となりました。

それと同時に、従来の画一的な将来像はもはや崩壊し、今の若手社員にとって、明確に目指すべき将来像というものを確立することが難しくなっています。

かつては、大きな会社に入れば終身雇用が待っていた。その会社で一生懸命ずっと頑張っていれば、やがては係長になり、課長になり、部長になりと、昇進もしていける、給料も上がっていく……。

そんな「モデルケースとなるビジネス人生」「わかりやすい将来」がありました。結婚したらマイホームを買い、自動車を買う……人生において「買うべき」とされた「わかりやすいモノ」がありました。

ところが今、働き方や価値観の多様化、そして低迷する経済のなか、そんな「わかりやすい、向かうべきところ」が見えなくなってしまったのです。

もはや終身雇用の終わりは明白であり、そのうえ寿命は長くなる。年金などで国に期待することも難しそうだ……。

そうした先行きの見えない時代に、自らの能力を高める努力を迫られ、多くの若い世代が、将来に不安を抱いています。

また、大企業の社員であれば、多額の企業年金を期待できることもありますが、中小企業の場合、年金への期待は薄いでしょう。

普通の厚生年金の枠しかありませんから、老後不安も重くのしかかります。それで、なおかつ長生きなわけです。

そんな漠然とした将来への不安は、実は上司世代も例外ではありません。20代の社員であれば30代、30代であれば40代、40代であれば50代の上司が抱える不安にも、敏感に影響を受けてしまうでしょう。

○「ちょっとした話」ができない

働き方の多様化に伴って、上司と部下、社員同士の「対面コミュニケーションの場」が減少したことも見過ごせません。

これまでの働き方では、会社のメンバー同士が職場というリアルな場所において面と向かって話をすることができました。ところが今は、オンラインによるテレワークが普及した時代。打ち合わせやミーティングもＺｏｏｍなどを使って行うことが一般的でしょう。

出社したとしても、そもそも在宅ワークの社員がいたり、オフィス内がフリーアドレスとなっているため、すぐに部下と対面できないということも。

また、労働時間是正の観点から残業時間が見直され、社員が会社に居る時間というのも、そもそも短くなっています。終業後に飲食店で語らい、時には仕事の相談や指導の場とするいわゆる「飲みニケーション」の機会も、多くの企業ではもはや「古い慣習」となっているのが現実です。

ある会社では、大きなプロジェクトが無事終了した際に、リーダー社員がメンバーのねぎらいのために飲み会を企画したところ、ある若手社員に「それって、仕事ですか？」「参加は義務ですか？」と問われたということです。

時代背景を踏まえれば、若手社員の発言はあながち見当違いのものとも言えないのでしょう。それでもリーダー社員は「何だかとても寂しい気持ちになった」といいます。

ビジネスのアイデアの源となるようなちょっとした雑談も叶わない。ほんの少し話を聞いてもらうような些細な相談はわざわざオンラインで行うには気が引ける。そのせいで、直接の対面コミュニケーションを取る機会が激減しました。

たとえば、日常的な雑談ができない、ちょっとした相談話がリモートワークでは叶わない。

小さな用事でもその都度、連絡のメールや電話でやり取りをする必要がある環境では、上司へ気を遣ってしまい、下の社員にとっては、これが精神的な負担となってしまうということもあるでしょう。

○「信頼関係構築の場」の消失

また近年は、ハラスメント＝「嫌がらせ」の防止のための法整備が進んでいます。

よくマスメディアを賑わせていますが、セクハラ疑惑が発端となり、ハラスメントの問題があらためて注目を集めています。

その他にも、上司が部下へ、上下関係を背景として嫌がらせを行なう「パワハラ」という言葉をよく耳にしますね。

2020年6月にはパワハラ防止法が施行されており、2022年4月からは中小企業においてもパワハラ対策が義務化されます。

ハラスメントの境界線を厳密に定義することは難しいものです。

「仕事に対しての指摘をしようとしても、下手なことを言ってハラスメントにならないか心配……」

「気軽に飲み会へ誘っちゃいけないのだろうか……」

「どこまで親しくしていいのかわからない……」

そうした声もよく聞きます。

ここで目を向けるべき点は、組織における〝人と人との繋がり〟が、従来より希薄化した、ということです。

もちろん、リモートワークの利便性は受け入れるべきであり、この普及の流れは今後、後戻りすることはないでしょう。また、働き手の価値観の変化も、それが悪いことだというわけではありません。

ただし、さまざまな変化によって「かつては有効に機能していたコミュニケーションのかたち」もまた変化したという事実を、上司は強く自覚しなければならないということです。

職場で触れ合うことによって成り立った社員との信頼関係構築も、いまや従来のやり方のままではうまくはいきません。

とはいえ……信頼関係構築無くして組織の明るい未来は望めない、ということもまた事実です。

だからこそ、経営者・上司は、「今の時代に合った」かたちの信頼関係構築の方法を確立し、取り入れていかなければならないのです。

信頼関係を築く場が作りづらくなっている今、あらためて本音を吐露できる関係を育めていないと、ある日突然、部下が上司に対して辞職を申し出ることもしばしばあります。当然そうした関係では、辞める真の理由も明らかにはならないでしょう。

「あれ？　昨日までは、真面目でやる気ありそうだったのに、なんか、突然辞めちゃった」

……こうしたことが、至る企業現場で起こっているわけです。

部下からしてみれば、内心、会社に対しての不満をずっと持っていたのかもしれません。

しかしコミュニケーションを取る機会がなかった、上司にじっくりと相談する機会がなかったがために、結果的に何の相談もないままに、辞職という決断に至ってしまうわけです。

○若手ビジネスパーソンたちは今、「売り手市場」にいる

労働力の主力になる生産年齢人口（15～64歳）は、想定以上のペースで減少してきています。

内閣府が発表している将来人口推計によると、1995年時点で8000万人を超えていた生産年齢人口は、2060年には4400万人ほどと、ピーク時の半分に近くなる可能性があるようです。

こうした生産人口の影響を受けて、今は、企業が人を選ぶのではなく、応募者が企

業を選ぶ時代となっています。

これは先ほどもお話ししたように、時代背景として「転職したほうがいい」とか、「気に入らなかったらすぐに辞めてしまえばいい」といった風潮が、若い世代の中に芽生えてきているということです。

かつては、求人数に対して応募者の方が数が多く、採用において企業が応募者を選ぶのが常識でした。しかし、求人倍率が逆転した今、企業側が少ない人材を取り合うような様相を呈しきているのです。


さらには、働き手にとって、離職に対する心理的ハードルが低下したことで、容易に転職を選択することができます。

厚生労働省が2019年に実施したデータによると、大学を卒業して就職した新卒社員のうち、3年以内に仕事を辞めてしまう人は32%でした。2021年の最新調査では、31.2%となり、例年に比べて低下しているものの高止まりです。

「今の会社を辞めても、仕事はいくらでもある」

もちろん個人の経験やスキルは必要ですが、極端に言えば、若手社員の置かれた状況は、そんな状況なのです。

◯次々と辞めてしまう若手社員を引き止める術はあるのか？

「手塩にかけて育ててきた社員に簡単に辞められる」
「人がなかなか定着しない」
「新規採用者の離職率が年々上がっている」
「離職を止めたいけど、何をすればいいかわからない」

こうした問題に頭を抱えている人事担当は多いのではないでしょうか。

従業員の定着率は、会社経営における大きな課題の一つです。すぐに社員に離職されてしまうような経営をしていると、大きな成長を期待することはできないでしょう。

企業側が少ない人材を「取り合う」状況！

離職率は、多くの場合、組織にとってはある程度のコストと見なされ、ないがしろにされやすい部分です。

しかし、社員に成長と教育の機会、継続的なトレーニング、支援的な職場環境をきちんと育むことで、これを防ぐことは可能です。

さらに、若手社員がさまざまな期待を持って社会に出ているということをないがしろにしてはいけません。彼ら彼女らは自分のスキルと創造性を使って、世の中で最大限、自分が活躍できる環境を望んでいます。

そして、自分の仕事が有意義であり、社会に変化をもたらすことができる機会を探します。

離職を止めるために、組織は彼らに成長と教育の機会、継続的なトレーニング、支援的な職場環境を提供することが必要不可欠です。

そこで次章からは、離職を防止するための方法、社員の本音をできるだけ正確に知る方法、社員との信頼関係を厚くする方法などについて紹介していきます。

第2章

「1対1　15分面談」で会社は伸びる!

○離職の問題を「面談」で解決する！

・働き方の多様化
・信頼関係構築の場の減少
・少子化により「若手」が売り手市場に

第1章でお伝えしてきたこれら3つの社会的背景によって、多くの中小企業における経営者、そしてマネジャー職が、社内に人材を留めておくことに頭を抱えていることでしょう。

これだけさまざまな要素が絡み合い、誰にも先の見通しが立たない現状において、この問題の解決策はあるのでしょうか？

その解決の手段として私たちが提案したいのが、面談によって信頼関係構築を図り人材育成へとつなげる「ＴＯＭＡ式面談」というものです。

おわかりのように、今の日本のビジネス界での労働環境は、かつてないほどに多様化しています。

加えて、発達した情報化社会のなかでは、外の情報に容易にアクセスできてしまうが故、「隣の芝は青く見える」という状態。若手社員にとっては「今いる会社よりももっといい職場、もっと自分に合った働き方があるだろう」と思えてしまうでしょう。

さらに「若者層の求人はたくさんある」という売り手市場によって、転職の心理的ハードルも低いわけですから、会社に入って、少しでも不安や嫌なことがあればすぐにやめてしまう社員が後を絶たないのも、仕方がないことです。

ただし、それは時代の流れとはいえ、あくまでも会社側が若手社員のマネジメントに対して〝従来どおり〟を続けたならば……ということです。

こうした離職の問題を加えたまま黙って見過ごしてはいけません。本章では、前章で述べたような社会的背景が、企業の現場でどのような問題を生み出しているのか？

について、より具体的な視点で深掘りをしていきながら、「TOMA式面談」がこうした問題の解決策となるその理由や導入方法について、ご説明いたします。

○本音のコミュニケーションは「1対1」で

これは当然今に始まったことではありませんが、組織にはさまざまな人材が存在します。そもそも「自社の社員」と一口にいっても、多種多様な価値観、バックグラウンドを持つ人間が集まっているわけです。昨今の複雑性を増す時代において、この流れはより加速していくでしょう。

したがって、社員との関わり方も「誰にでも同じに」というわけにはいかない、というのが自然な姿です。一律なやり方でマネジメントするのではなく、その人の性格や仕事において本当に求めているものを慎重に読みながら信頼関係を築いていくことが重要なのです。

ある人は「自由な時間」を求めているかもしれませんし、ある人は「仕事のやりがい」を、またある人は単純に「今よりも高い報酬」を求めているかもしれません。

それを探るための最もシンプルな方法が、「本人に話してもらうこと」。個別の面談を実施することで、それぞれにカスタマイズさせることが可能になります。

そうすることで、相手の求めているものや価値観がわかると同時に、社員にとっても、「この会社は親身に自分に寄り添ってくれるな」「自分の言いたいことに耳を傾けてくれるな」と、安心感を抱いてくれるようになります。

そして、周りの人間を気にせずに本音で話ができるということでいえば、それは「1対1」での会話が最良でしょう。

現代の社会では、信頼関係を構築するために「1対1で話す」という場を〝あえて〟設けることが重要です。

○「対面」であることの重要性

他の多くの側面と同様に、コミュニケーションの概念も進化しています。テキストメッセージ、Zoom、メッセージチャット、電話など、多岐にわたる手段で、遠隔にいても、高速でやり取りが行える便利な時代に私たちは生きています。

加えて、コロナ騒動によって、急速にオンラインベースでのコミュニケーションが主流となりました。

その一方で、前述のように「対面」でのコミュニケーションの場というものが失われています。

2020年、日経BPコンサルティングが「コロナウイルス騒動によって、社内コミュニケーションにどのような影響があったのか」を把握するための調査を実施した結果、「上司・同僚・部下の行動が見えない」「必要な情報の共有が徹底できない」が30％を超えるという結果となりました。

その他、「社内で気軽な会話ができない」「（歓送迎会など）親睦をはかれる場をもてず、コミュニケーションが激減している」の回答も30％を超えています。

これまで当たり前のように行われていた、インフォーマルな雑談や飲みニケーションの場が少なくなった結果、気軽なコミュニケーションの重要性が浮き彫りになったわけです。

「新型コロナの影響により、今後、勤務先で社内外のコミュニケーションにどのような問題が起きると思うか」という問いに対しては、「コミュニケーション不足によるトラブル」「人間関係の希薄化」「組織的目標の一体感の低下」「アイデア創出の低下」「変化についていけない社員の離職」などが挙げられました。

企業内のコミュニケーション減少により、組織に大きな影響があるという懸念を、多くの現場の人間が感じ取っているわけです。

○会議だけでは、本音を引き出せない

ただし、こうした弊害を生んでしまう原因は、オンラインの普及に限ったことではありません。たとえ対面でのコミュニケーションの機会を設けていたとしても、「1対多数」の会議では、社員は率直に話すことができないことがよくあります。前述のように、要するに本音や意見を言いにくいわけです。

これは、他人の気分を害することを恐れたり、指摘を受けることを危惧してしまうからです。場合によっては、自分のアイデアを発案する前に拒否されるのではないかと怯えてしまうかもしれません。

その結果、社員は会議で自分の意見を口に出さず、その後、気心のしれたチームメンバーの中でだけ、本音の意見をひそひそと表明することとなってしまいます。

また、社員の中には当然、内向型のタイプもいるでしょう。近年、世間でも話題になっている〝繊細さん〟気質のある方も少なくありません。

そうした社員は、大人数の前で話すことに恐怖を覚えてしまうことがあります。そのために、意見を尋ねられても、即座に返事ができない場合もあれば、会話中に流暢に話すのが難しい場合もあります。

上下関係を気にして、自分の考えを適切に表現できず、不快に感じてしまうため、コミュニケーションに苦労してしまうのです。

このように、コミュニケーションの原点は1対1です。一度に多くの人とコミュニケーションを取るのは、必ずしも効率的とは限らないのです。

◎「1対1面談」は若い世代との相性が良い

「1対1の面談」を実施するべき理由としては、「若い世代の社員との性格特性と相性が良い」という点も挙げられます。

私たちの会社でも、若い世代の社員から話を聞いていると、「もっと社内の人とコミュニケーションを取りたい」「もっと上司に話を聞いてもらいたい、話を聞きたい」という希望はあるのですが、それはあくまでも「業務時間内に限る」こと。

本当にプライベートの時間を使ったり、食事、いわゆる飲みニケーションの様な場でコミュニケーションを取りたいわけではない、との意見もありました。

そのため、1対1面談をマネジメントのシステムとして取り入れることは、「業務時間内でのコミュニケーション」という面で、若い世代が求めているものと非常に相性が良いと言えるのです。

今の若い世代は、就活中においては給与の面だけでなく「（その会社に）1対1の面談があるか？」「体系立てられた教育制度、人材育成制度があるか？」、あるいは「リモートワークも取り入れられているか？」なども重要視している世代です。「社内での『1対1面談』の実施」をアピールしていくことは、これからの採用面においても、大きなアドバンテージを得られることでしょう。

○ポイントは「心理的安全性」というキーワード

1対1の面談を実施するうえでもう一つ大きな鍵となるのが、「心理的安全性」です。心理的安全性とは、ざっくりと言えば「相手に何を言っても、どのような指摘をしても、拒絶されることがなく、罰せられる心配もない状態」のことを指します。

「新しい提案について思いついたんだけど、こんなアイデア、きっと馬鹿にされちゃう」と思ってしまう部下……。

「部下に対してこんなキツイ事を言ったら、アイツは泣いちゃうんじゃないか」と、必要以上に配慮して、言葉を選んで会話している上司……。

そんな職場は「心理的安全性がない状態の職場」と言えます。

逆に「心理的安全性のある状態の職場」とは、会社と社員、上司と部下、または同僚間に信頼関係が構築されている状態と言い換えることができます。

もちろん、何でもかんでも好き勝手に言いたい放題……などという礼儀のない関係ではなく、お互い信頼関係のうえで、自分が思ったこと、自分の考えを素直に言葉にできるような関係性を作るというのが、この「1対1面談」の時間においては非常に重要なポイントになってくるわけです。

2012年、アメリカのGoogle社によって実施された調査「プロジェクト・アリストテレス」では、社内にある数百のチームを精細に分析し、生産性の高いチームに共通する要素を導き出しました。

そこで出た結論も、「『心理的安全性』というキーワードの重要性」でした。

相手に何を言っても、どのように指摘をしても、拒絶されることがなく、罰せられる心配もない状態……それは会社と社員、上司と部下、また同僚間に信頼関係が構築されている状態とも言えます。
この状態を醸成するためにも、マネジメントのシステムとして1対1の信頼関係構築の場を設けることが必要不可欠だということです。

○社員一人ひとりにカスタマイズさせていく経営で会社は伸びる!

社員一人ひとりが多様性にとんだ様々な考えを持つ現代、個別での面談を実施することで、相手がどんなライフワークを持ちたいのか? どんなステージに行きたいのか?をヒアリングする機会が、1対1面談です。

たとえば「50代まではバリバリと働きたいけれど、それ以降の人生は余裕を持って、できるだけのんびりと過ごしたい」という人もいるでしょうし、あるいは「40歳までにスキルを磨き上げて、ゆくゆくは独立したい」と考えている人もいるかもしれません。

当然、社員一人ひとりがそれぞれ異なるライフプランを持っているわけです。最近では親の介護の問題を抱える社員も目立つようになりました。「介護が大変なので、パートにしてください」とか、「今、家が大変な状況なので〇〇日ほど休ませて欲しい」などといった各個人の抱えているプライベートな問題、会社への要望を確認し、それにフレキシブルに対応する必要があります。

面談では、刻々と変わる本人のライフステージを毎回、丁寧に確認していくようにします。第1章でも触れましたが、昨今の「ハラスメントの社会問題化」も相まって、会社側が社員の個人的な話には触れづらい、という風潮はあるでしょう。

しかし、長期的な視点を持って、会社との良好な関係性を育むためにも、答えられる範囲で状況を話してもらい、さらに一歩踏み込んで相談に乗ってあげるというスタイルが、令和の時代の会社マネジメントに真に求められるものだと思います。

○「TOMA式面談」とは？

ここからは、TOMA式面談が一体どのようなものなのか？　その全体像についてお伝えしていきます。

1対1の面談といえば、ヤフー株式会社が商標登録したことで話題となった、上司と部下が定期的に行う「1 on 1」ミーティングが有名です。

頻度は、毎月1回、毎週1回程度、短時間で継続的に行われるのが一般的で、短時間でもいいので、継続的に頻繁にやることが大切になります。

内容としては、部下の仕事で困っていることや、今後頑張りたいことを上司が把握することで、人材育成やコミュニケーションの促進に役立てられます。人材育成やコミュニケーションを促進していくことによって、エンゲージメントの向上や離職防止にも繋がってくるからです。

TOMAコンサルタンツグループ株式会社の「TOMA式面談」では、1対1で行う面談を次の2つのポイントで定義しています。

ポイント1：部下のため

面談は部下の仕事の成果を出すために行う。そして、部下本人のキャリア自立を促す時間にすること。

面談の時間を取ったのはいいものの、上司が普段思っていることを一方的に話してしまう、あるいは経営理念の浸透のために理念についての話に終始する、会社の都合で話す、といった時間ではなく、あくまでも「部下に話をしてもらい、自立的なキャリアを後押しするための時間である」と定義しています。

また、仕事の成果という側面で、業務が上手くいっていない点をどうしていけばいいのかを引き出していくことをポイントとして押さえることが重要です。

ポイント２：公式な時間

もう一つのポイントは、面談が「公式な時間」であるということです。

就業時間外の食事会、飲み会などの席で行うのではなく、1対1面談は、必ず、会社の「業務時間内」に行ってください。

とはいえ、部下にとっても仕事中にいきなり「これから1対1で話をしよう」など

1対1面談の定義

「部下のため」の

部下の仕事の成果を出す、部下本人のキャリア自立を促す

上司と部下との「公式」な時間

飲み会ではなく「業務時間内」に行う

と言われても、とまどってしまうことになります。あらかじめ面談が「業務に関わる大切な時間だ」ということを部下にも伝えた上で、業務時間内に、取り入れてみましょう。

◎1対1面談実施の効果

ＴＯＭＡ式面談は、従業員との関係を改善し、会社により良いパフォーマンスをもたらす最良の方法です。従業員がどのように感じているかを理解し、よりパーソナルなレベルで話すことができます。

ここでは私たちの会社でＴＯＭＡ式面談を実施した結果、どのような効果があったのかをご紹介します。

【1】社員が自身の業務内容や人事評価の「納得感」を高めることができる

頻繁に面談を実施することで、上司が部下の普段の働きぶりを丁寧に確認する。そのうえでの評価やフィードバックを適切に行うことで、部下の会社への、そして自身の業務への「納得感」を高めることができます。

半年に1回の評価面談や1年に1回の評価面談を行うだけでは、いきなり評価を言われたと思われてしまって、納得感を作ることが難しくなります。そのため、1対1面談は週1回や月1回の頻度での実施が必要です。

【2】部下のキャリアビジョンを知り、人材育成に役立てることができる（部下側も自分の成長を把握できる）

人材育成する際には、部下のキャリアビジョンを知った上で実施することで、部下のモチベーションを高くすることが可能になり、さらには主体的に取り組んでくれるようになります。

また、若い世代の最近の傾向として、「自分は今、どのステージにいるのか?」「上司から見て、成長しているのかどうかが知りたい」という声が多いものです。そうした意味でも、上司から見て、相手（部下）がどの段階にいるのかを示してあげる必要があります。

TOMA式面談を実施することにより、「部下のキャリアビジョンを知ること」「部下の成長度合いを示してあげること」の両方が実現できます。

【3】テレワークでも信頼関係を築けるコミュニケーションが図れる

「コミュニケーションは対面で行う」ということの重要性についてお話ししましたが、実際にリアルの場で直接接触しなくても、オンラインで相手の顔を見ながらであれば、「1対1で、対面で」という面談は成り立ちます。

最近の社内コミュニケーションは、どうしてもZoomなどによるミーティング、オンライン会議が主流です。

そうした中でのコミュニケーションは、形式的な会話、業務の内容の会話しかできないので、部下がどういった思いを持っている人なのか、何を考えながら仕事をしているのかをなかなか感じ取りづらいでしょう。

そこで、オンライン上とはいえ〝あえて、1対1でじっくり話す時間を取る〟ことによって、テレワークでも信頼関係を築いていくことが見込めます。


私たちがTOMA式面談を実施したことで得た良い効果について、3つほどお伝えしました。

私たちのクライアントの中にも、1対1の面談を導入する企業が増えているのですが、いくつかの企業からは「なかなかうまくいかない」という話も出てきます。


たとえば部下の側からは「上司が義務的で真剣に向き合ってくれていない気がする」といった不満。

上司の側からは「一生懸命時間をとって面談の機会を設けているんだけれど、部下

1

業務内容や人事
評価に「納得感」を
得られる。

2

部下の
キャリアビジョンを
知り、人材育成に
活かせる。

3

テレワークでも
信頼関係構築を
図れる。

が何か素直に話してくれない」といった不満。

あるいは双方から「愚痴ばかりになってしまってあまり良い時間にはなっていない」という不満……。

面談を実施することによって、お互いが不満を抱えることにつながってしまう、というケースを耳にします。ではこれをどのようにして解消していけばいいでしょうか。

◯1対1面談を「不満のタネ」にしないために

・上司が気をつけるべきこと

面談をお互いの〝不満のタネ〟にしないための上司側の課題として、面談を「説教の場にしない」ということが挙げられます。

面談そのものが部下に対しての業務内容の指摘になってしまうことは、結構頻繁に起こるものです。

また、そもそも部下の性格や実際に担当している仕事の詳細などの基本的なことが把握できていないため、具体的な話ができず、抽象的な説教に終始してしまい、生産性のない時間になってしまうことがあります。

面談は相手を知るための時間。一方的な指摘は要注意です。

・部下側が気をつけるべきこと（上司が部下に伝えておくべきこと）

それに対して部下側では、1対1面談で話す内容、相談したい内容をしっかり用意できていないという場合があります。最悪の場合、面談を実施する目的を理解できていないというケースもあるでしょう。

性格によっては、怒られないか心配で、やりたくないなと思っている方もいるでしょう。

1対1面談は、自身のキャリアビジョンを明確に伝える場、そして自身の成長度合いを知るための場であることを自覚しなければなりません。

・上司、部下に共通する課題

「そもそも前回の面談で話した内容を覚えていない」

「話す内容が特に決まっていない」

……これらは上司、部下が共通して抱える課題です。

事前に伝えるべき内容が決まっていなかったり、前回話した内容を覚えていない場合、前回の内容をふまえて話を進展させることができず、無駄な時間が過ぎるだけになります。

たとえば部下側からすれば、前回アドバイスをもらった後に、具体的にどのような改善をして、さらにその内容についてどのような進展があったのか？　といった実のある話をして、さらなるフィードバックをもらうことができなければ、継続して面談を実施していく意義を感じられず、無駄に仕事時間を消費してしまうだけになります。

◯目的は「面談を行うこと」ではない

1対1のスタイルでの面談は最近のトレンドではありますが、そもそも「1対1で面談を行う」ということ自体を目的としてしまうと、本来の目的を見失ってしまいます。

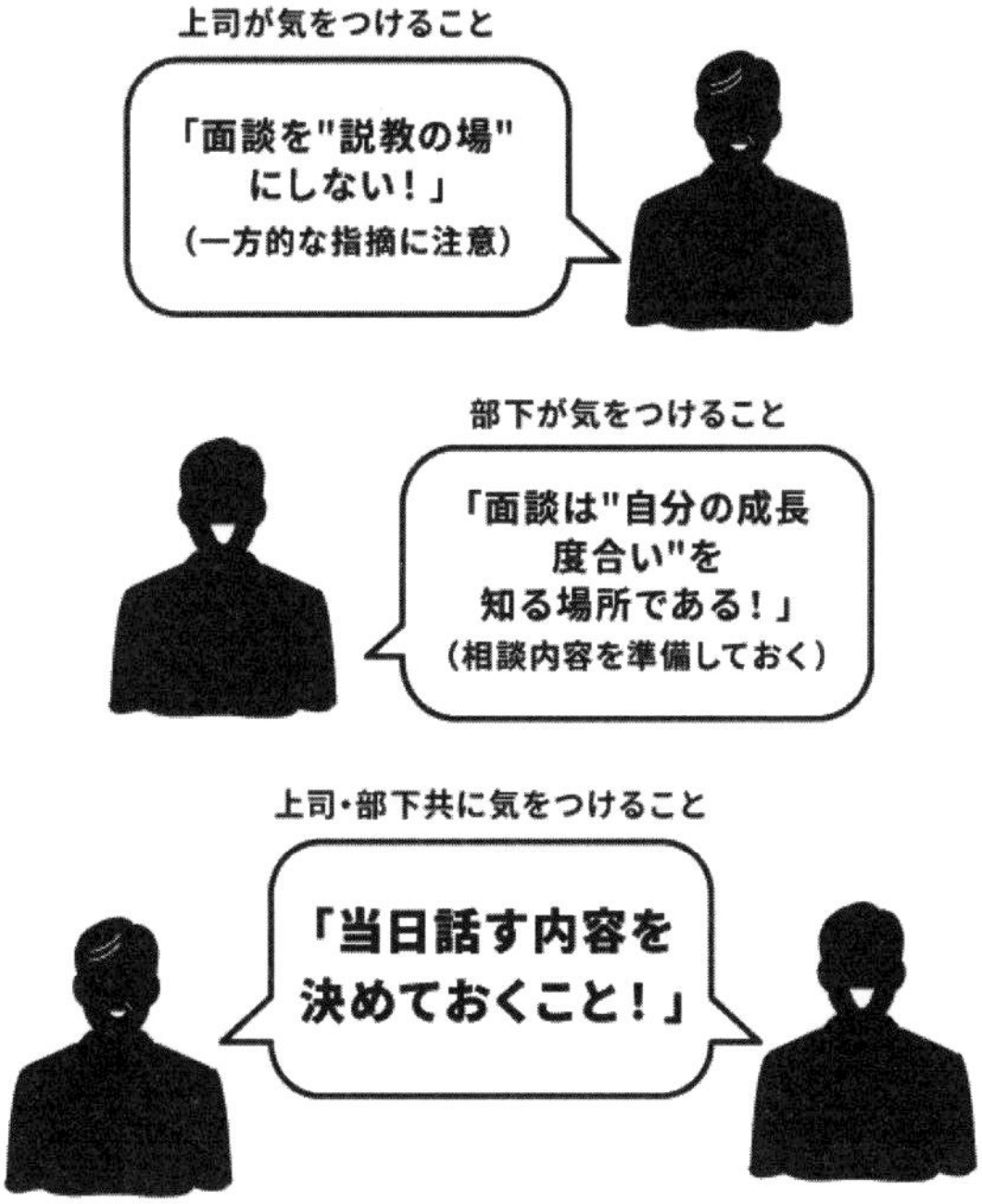
上司が気をつけること
「面談を"説教の場"
にしない！」
（一方的な指摘に注意）
部下が気をつけること
「面談は"自分の成長
度合い"を
知る場所である！」
（相談内容を準備しておく）
上司・部下共に気をつけること
「当日話す内容を
決めておくこと！」

上司・部下の双方が「なぜ、1対1の面談を行うのか？」という目的を把握しつつ、さらには上司側であれば部下のことを把握しましょう。

上司側が、しっかり部下のスキルや性格特性、実績を把握しておくことによって、部下側からすれば、「この上司はちゃんと自分のことを見てくれているんだ」といった、信頼関係につながっていきます。

それに加えてコミュニケーションをしっかり取ることで、会社が新しいプロジェクトを立ち上げるといったような場合にも、事前に部下の能力や希望を的確に把握できているわけですから、適した人材を抜擢することが容易になります。

あるいは部下から部署異動の希望などが出た場合にも、実際にアサイン（任命）するための判断材料となるでしょう。

「1対1面談を行うこと」を目的としてしまってはいけません。部下を把握することで、新たな結果に結びつけなければならないのです。コミュニケーションをしっかり取るということは、上司あるいはその部下、両者にとってＷｉｎ－Ｗｉｎの関係が作れるというわけです。

第3章

1対1面談を「仕組み化」させる

○社内にメリットを浸透させる

1対1面談の効果がわかったとしても、それが「ある上司だけが知っていること」であっては、意味がありません。

面談のスキルは属人的なものではなく、社内共通のルール、システムのひとつとして会社の「仕組み」に定着させる必要があります。

ここからは、実際に、1対1面談の仕組み化を成功させるための運用のポイントをより具体的に説明していきましょう。

前章でもお伝えしたように、まず重要なことは、1対1面談の目的をしっかりと押さえつつ、さらには上司と部下側の双方がその1対1面談を実施するメリットをしっかり把握しておく必要がある、ということです。そしてそのメリットを、社内に〝浸透〟させます。

たとえば、上司側だけが面談を実施するメリットを押さえていても、部下がそのメリットを理解していなければ、部下にとっては、そもそも面談を行う必要性を感じていないことになります。

「他の業務で忙しいのに、わざわざ1対1で話す時間を作るなんて、無駄なことなんじゃゃない？」

などと思ってしまうかも知れません。

・なぜ面談を実施するのか？
・面談によって生まれるメリットは何なのか？

両者が揃って初めて1対1面談は効果的に仕組み化できます。

これらを上司・部下双方が把握し、それを社内に浸透させることが大切です。

◎上司・部下それぞれの課題と目的を明確に

次にそれぞれ上司と部下側の課題や目的を、あらためて分析し、さらに細かく分類していきます。

上司側の1対1面談を行うことのよくある課題として、いわゆる部下との「コミュニケーション不足」というものがあります。そして1対1面談の場は、その課題を解消する場にする、ということが目的になります。

コミュニケーション不足によって起ることとしては、「部下の抱えている問題を把握できていない」「部下の性格を汲み取っていない」ということが挙げられるでしょう。

ですから、1対1面談の場は、まずそれらを解消する場でなければなりません。にもかかわらず、せっかくのそうした機会を、ここぞとばかりに説教や業務の指摘をする時間にしてしまうことが多いのです。

上司側にとって1対1面談で重要なのは、あくまでも面談は「相手のことを知り、把握する場」である、ということです。

たとえば上司側から見える部下の問題を説教や指摘によってその場で解決することより、部下が抱えている問題を〝見つける場〟として使わなければなりません。

そして、部下の思っていること、性格をしっかり汲み取ることで、部下の適正や新たな得意領域を見つけることができます。

あるいは「この人は異動の希望があるのではないか」だとか、「他にこういった仕事をやりたいのではないか」といった普段は表に出てこない、潜在的なニーズや意向を汲み取ることもできるわけです。

上司側がこのような姿勢で1対1面談を実施することで、必然的に部下側のモチベーションが上がったり、新たな気づきや問題発見の場とできます。

そのうえで、今抱えている仕事であったり、何か迷っていることに対してのネクストアクションを双方が明確化できるのです。

◯「気軽に相談できる場」として機能

部下側の課題としてよくあるものに「仕事、業務に関する報告・連絡・相談＝報連相ができていない」「仕事でうまくいかないことがあっても（上司に）相談ができない」「社内の人間関係に悩みを抱えているけれど、打ち明けられない」「家族の問題、介護の問題、体調の問題など、プライベートの困り事に関しても気軽に相談できない」といったことがあります。

そんな状態で1対1面談に臨んだとしても、普段から上司とコミュニケーションがうまく取れていないことから、話す内容は特段見つからない……。

「やっぱり怒られてしまうから、あまりこの内容は相談できないなぁ」

と思ってしまうのです。

部下側にとっての1対1面談の大きな目的も、そうした問題を「その場」で解決してしまうことではありません。

一番大きな目的は「（面談によって）自分自身のモチベーションを上げること」。これが非常に重要になります。

「忙しいのに時間を割かなければならないなんて……」

私たちの会社でも、1対1面談を実施している中で、上司との個別の面談の時間を億劫に感じてしまう社員も多くいたのは事実です。

しかし、実際に面談を実施してみると、個別で相談できる貴重な時間であり、上司とのコミュニケーションが定期的に取れ、きちんと自分を評価してくれていることを社員たちは認識することができました。

「何か迷ったりしていても、この（1対1面談）ような機会があるんだ」

そう考えられるようになるため、自然に仕事のモチベーションは上がってくるのです。

定期的にこの面談があることによって相談ができる。だから業務を滞りなくスムーズに進められる。面談をきっかけに、気軽に上司に相談がしやすくなる、相談しやすくなることによって、報連相も円滑になり、トラブルも減る……1対1面談には、部下が感じることができるメリットがたくさんあるのです。

○1対1面談は〝徐々に〟効いてくる

1対1面談のメリットをお伝えしてきましたが、とはいえ、面談実施後にすぐにやる気を起こす人間、モチベーションが急激にアップする人間はあまりいません。この面談の導入初期は、色々な摩擦が起こり得ます。

普段からあまり会話のない上司といきなり1対1で話すとなると、やはり部下としては緊張もするでしょうし、面談の時間が苦痛に感じてしまう場合もあります。

また、前述のように「さまざまな業務で忙しいのに、わざわざ面談のために時間を割かなければならない」ということも、最初は不満に感じられてしまうものでしょう。

しかし、回を重ねるごとに、上司も部下も徐々に面談に慣れてきます。面談をきっかけに、普段からのコミュニケーションの機会も徐々に増えていきます。

「1対1面談は徐々に効いてくるもの」

これも、気をつけなければならないポイントになります。

1対1面談は徐々に効いてくる

1対1面談の時間が
同僚より2倍長いメンバーは
離職率が下がる

67% ↓

ハーバードビジネスレビューによると、1on1の時間が同僚の約2倍確保されている従業員は、離職の可能性が67%も低いとされています。

上司と定期的に
1対1面談を実施すると
エンゲージメントが高くなる

マネジメントに関する調査を行うGallupによると、上司と定期的に1on1を行なっているメンバーはエンゲージメントが約3倍高くなるという調査結果があります。

- ●すぐにやる気が出る人は多くありません。1対1面談は徐々に効いてきます。
- ●少しずつの人材への投資が、組織を大きく変えることにつながります。
- ●そのために1対1面談を行う際は、効果的な運用で継続することが重要です。

「一度やってみたけど、あまり効果が感じられなかった。だから、他にもやらなければならないことがお互いたくさんあるのだから、もうやめよう」

……そうならないように注意しましょう。

実際に1対1面談をやることによって「離職率が下がる」「エンゲージメントが高くなる」という調査結果があります。ただしそれらも「徐々に下がる」「徐々に高くなる」ということが大前提であり、すぐに効果が現れるものではありません。

「すぐに効果が出ないから、いつまでもやっている意味は無い」

これは実にもったいない考えです。

◯1対1面談は「未来への投資」と考える

1対1面談が即、会社の業績に貢献する、売上に影響する、ということはないでしょう。ですからこうした取り組みは、言ってみれば社内の人材への投資ということです。継続的な人材への投資の積み重ねが、組織を大きく変えていくことにつながります。

徐々に効果が現れますので、継続することが一番重要です。

1対1面談は、3年後、5年後、10年後の会社の未来を見据えて取り組んでいくことが重要です。

そして、課題、目的を明確にした効果的なやり方で実施することが必要です。誤った方法で実施していても、なかなか効果は現れない1対1面談になってしまいます。

○面談の進め方　4つのステップ

では、1対1面談を継続して実施していくための仕組みづくりについてご説明していきましょう。

1対1面談を実施するには、次の4つのステップがあります。

1　人材育成方針を決める

2　注意点を踏まえたガイドライン、面談シートを作成する

3　マネージャーの面談スキル研修を行う

4　社内で浸透するまでフォローする

順を追ってお話ししていきましょう。

【1】人材育成方針を決める

まずは、「どんな人材を育てたいのか？」という、人材育成方針というものを決めてください。

ここでいう育成方針は、あくまでも会社全体としての方針です。上司一人ひとりが「こんな部下であってほしい」「こんな部下に育て上げたい」という方針を自覚していること、方向性を考えて人材育成を進めることは非常に大切なことですが、その方針は必ず会社の人材育成方針に従ったものである必要があります。

したがって、企業のトップは「これから1対1面談を実施するように」「1対1面談とは……」と単純に号令を発するのではなく、「会社としてどういう人材を育てていきたいのか？」を明確にしたうえで、幹部社員を集め、どうして1対1面談を行っているのかをまず決めていただいて、それを上司に伝えて浸透させていくところからスタートします。

1対1面談の目的は必ずしも一つではなく、人材育成やキャリアサポート、タスク管理のためなど、いくつか考えられるでしょう。

しかし、「面談は、目的に沿った進め方ができていますか？」と訊ねると、あまりできていない方が多く見受けられます。

まずは方針ありきで、目的に沿ったやり方で進めていくことで、効果は倍以上になります。

○【2】注意点を踏まえたガイドライン、面談シートを作成する

方針を固めたうえで、注意点を踏まえたガイドライン、面談シートを作成します。

この面談シートに従って1対1面談をはじめましょう。

「じゃあどうやってやったらいいの？」

「会社の方針としてどういう目的があったんだっけ？」

といった疑問が出てこないよう、まずはガイドラインをまとめたものを用意します。

「面談シート」とは何かというと、面談の際に使用するワークシートのことです。これがあると、面談をスムーズに進めることができます。（詳細は次章で解説いたします）

【3】マネージャーの面談スキル研修を行う

マネージャーの面談スキル研修を行うことも必要です。

「個々人の努力で頑張ってください」と投げやりに、面談する側の今ある能力に任せきりにするのではなく、会社として一律の面談スキルを身に付けていただくために、特別に研修を行うことがベストです。

◯【4】社内で浸透するまでフォローする

四つ目は継続的な取り組みとなりますが、担当部署が1対1面談を社内に浸透するまでフォローすることが必要です。

面談を実施している中で、上司側としては、上手くいかないことがあったり、効果を実感できなかったりと、悩みが募っていきます。

そのため、1対1面談専門の相談窓口を設置することも効果的ですし、あるいは「1対1面談の取り組みには、こういう目的があります」ということを明文化し、経営理念や経営方針に準えて社内で浸透させることが望ましいでしょう。

1対1面談を社内に定着させ、仕組み化するには、以上のような「4つのステップ」で進めていくことをお勧めしています。

○「会社全体の取り組み」として進める

4つのステップを進めていくうえで大切なのが、「会社全体の取り組みとして進める」ということです。

「部下と1対1面談を行うように」と言われただけで、その後は上司が各々のやり方、考え方で行っていると、効果を十分に発揮することが難しくなります。

そのため、まずは、会社のトップが方針を示し、会社全体の取り組みとすることで、誰もが「会社が目指す人材育成」を実現させることが可能になります。

ここで事例として、私たちの会社で、1対1面談を「会社全体の取り組みである」ことを周知させるために実際に行っていることをご紹介します。

実践しているのは、次の4つです。

①企業理念・ビジョンに則った「人材育成方針」を作成する

②全社に向けて社長がメッセージを発信する
③まず経営幹部に共有認識を持たせること
④トップダウンで社内に浸透させる

企業のトップ＝社長が独りよがりな主張をしていただけでは、階層別に上から下へ、社内での関わりが積み重なってきた時に、どこかで齟齬が生まれるでしょう。一つの階層でもこれが浸透していないと、そこから下の階層には、すべてに行き届かなくなるのです。

したがって、③の「経営幹部の中で共通認識を持つこと」は、仕組み化において必須です。

もちろんこれは、1対1面談の仕組み化に限った話ではありません。

○注意しておきたい4つのこと

1　部署を跨いだ社内のプロジェクトチームを作り、推進する

1対1面談を管理する専門部署＝取り組みを主導する人事部がない場合には、あえて特別に、部署をまたいだ社内のプロジェクトチームを作り、取り組みを推進することも有効なアイデアのひとつです。

実は私たちの会社にも「人事部」という部署は存在しません。社内にプロジェクトチームを設置し、そのチームが1対1面談を管理する機能を担い、「人材開発」の推進とともに、取り組みを進めています。

2　管理職のスキル不足への対策

これは一番イメージがつきやすいでしょう。「上司の誰もが、面談上手だというわけではない」ということです。

実際に面談を行う際、専門のコーチがいたら何よりなのですが、該当の者がいない場合、上司に面談のスキルが不足していると……。

「上司が一方的に話して終わり」「上手に質問できず、部下のことを何も聞き出せない」「説教の場で終わってしまう」「沈黙が続くだけ」などでは、当然、本来狙っていた効果は期待できません。

まず、面談する側にスキルが不足していないかなどの確認をしていかなければなりません。

3 困りごとや悩みに対応できる人間がおらず、改善されないままになっていることへの対策

これも管理職のスキルが不足していることと繋がっていきます。

1対1面談で実際に行っていることといえば、文字どおり「1対1の対話」です。その現場を第三者が見たり、専門のコンサルタントが様子を見て評価するようなことはないので、実際に効果が出ているかわからない状態になってしまっていて、なかなかその状態が改善されないままになっている場合があります。

また、面談をやっているうちに、面談をしている上司自身が悩んでしまう……ということもあります。

たとえば面談相手である部下の相談に、うまく答えることができない。解決策が出てこない。「彼の問題はどうすればいいのか?」

「何て言ってあげることが正解なのか?」

など、上手に対応できないと、上司にとっても徐々に面談が負担になってしまうわけです。

これはあまり良い状態とは言えません。

「部下の問題にしっかり答えてあげることができる」というスキルを磨かなければなりません。

4　他の業務に追われ、事前準備や面談の時間が十分にできず、面談自体が疎かになってしまう

「自分の仕事が今、非常に忙しい」

「自らも会社から言われている予算を達成しなければならないのに、そのうえで部下のマネジメントもやらなければならない」

……そんなふうに感じている〝プレイングマネジャー〟の上司もいるかもしれません。

実施時間の調整など、できるだけ1対1面談が効率的に行える環境を会社側でも整えてあげて、上司、あるいは部下にとっても、1対1面談が通常業務の妨げにならな

いように工夫することが、とても重要になります。

こうした4つの注意点、あなたの会社はどうでしょうか？

ここまで、「1対1面談がうまくいかない原因」についてお話しさせていただきました。

1対1面談を効果的に継続運用していくためには、どういった取り組みが必要になってくるのか？

それは一言でいえば、1対1面談を「会社全体の仕組みにする」ということです。

「ある部署では実施しているけれど、別の部署では実施していない」

「特に決まりはなく、とにかく『1対1で話す機会』を持つようにしている」

「〝気づいた時〟にだけ行っている」

……そのようにバラバラに行っていても、必ずどこかでつまずきが起こってしまいます。

「会社が一丸となって、会社全体の仕組みづくりとして1対1面談を導入、実施する」

これが重要なポイントとなります。

◯「TOMA式面談」の実施例

ここで、私たちの会社＝TOMAでの1対1面談の実施例についてあらためてご紹介いたします。

まずTOMAのやり方としては、月1回の頻度で1回15分程度行います。

「月1回で15分という頻度は、ちょっと少なくないか」

そう感じる方もいらっしゃるかと思いますが、前述のように、上司も部下も日々の業務を抱えています。まずはやりやすい、業務に負担がかからない、というところで、月1回を推奨しています。

また、全部門の管理職は「部下との関わり方研修」というものを受講して、そのうえで面談に臨んでいます。

注意しておきたいポイントとして、TOMAが会社として打ち出している方針である「傾聴してくださ い。部下の話に耳を傾けてください」ということを重視しています。そして「売上目標よりも行動目標に重点を置く」というところも、注意事項としてアナウンスしています。

こうして方針を明確化しておくことで、面談をする人の認識が会社として揃い、上手くいっているところと上手くいっていないところの差がなくなっていくのです。

・月1回の頻度で1回15分程度行う
・全部門の管理職は「部下との関わり方研修」を受講
・「傾聴」や「売り上げ目標よりも行動目標に重点を置く」ことなどを注意事項としてアナウンスしている

そうすることによって……

・上司と部下の認識のすり合わせができ、コミュニケーションのズレが少なくなった
・部下の将来の目指すところと上司の期待のすり合わせができ、部下一人一人にあったキャリア育成ができるようになった

・行動目標の進捗管理を行うため達成率が上がった

……という効果が生まれたのです。

第4章

5つのプロセスで1対1面談を実践！

○1対1面談の進め方を知る

これまで「1対1面談」について、概要、定義から面談の内容、どのような課題があり、どのような目的を持って行うか？　そしてその注意点について解説してきました。

ここからはより実践的な内容について、コミュニケーションのポイントなども含め、ご紹介していきます。

TOMA式1対1面談のプロセスは、大きく5つに分かれています。

30分やるのか、5分だけなのか？　実施する時間によって、省くものがあったり、時間配分が変わってきますが、ここでは基本となるフォーマットをご紹介しますので、導入の参考にしてみてください。

○プロセス1　事前準備

まず最初に行うことが、事前準備です。ベースは、一人の社員につき30分程度の時間を確保します。

何の準備もなしに手ぶらで臨もうと思っても、いざ面談を開始してみると時間を持て余してしまうことでしょう。もしくは取り止めがなく話が続いてしまい、時間が足りなくなってしまうこともあります。そのため、事前準備は必ず行います。

事前準備で何をすればいいか？　それは「面談の目的を明確にする」ということに尽きるでしょう。

部下の何について聞きたいのか？

部下に何を伝えたいのか？

どんなことを話そうか？

まずはこれらを整理して、まとめておくことです。

30分すべての構成や時間配分まで決めておく必要はありませんが、「今日はこれを話すぞ」というポイントだけは、必ず用意しておくようにしましょう。

次に、時間配分を考えます。今日の目的、何を伝えたいかによってその日の配分を考えるのです。

そして、面談の結果は「面談シート」に書き入れるようにします。

【面談シート・フォーマット例】

たとえば人材育成をテーマとして面談を行う際は、フォーマット例①のワークシートを参考にしてみてください。部下の強みと弱みを知ることで、適切な人材育成ができるようになります。

また、キャリアサポートがテーマの場合は、フォーマット例②のようなワークシートを使用します。部下の仕事に対する価値観やキャリア観を知ることができ、適切なキャリアサポートが可能になります。

目的別の面談の進め方/フォーマット例①

【シート①】これまでのスキル・経験を整理しましょう。

① 年齢	仕事に関すること		
	所属担当業務	関わった 仕事内容	得た知識・ スキル・経験

【シート②】今月の仕事を振り返り、①強み、②課題を書き出しましょう。

①　強みが発揮された点	
②　課題だと感じた点	

【シート③】【シート②】を踏まえて、今後の業務について考えましょう。

①　今後、強みを業務にどう活かせるか	
②　弱み（課題）をどう克服して欲しいか	

部下の強み/弱みを知ることで適切な人材育成ができます。
①　これまでのスキル・経験の棚卸しをする
②　強み/弱みの洗い出しをする
③　強みを活かし、弱みを克服するためのアクションプランの立案

目的別の面談の進め方/フォーマット例②

【シート①】自分が重要視する、大切に思うワードを選んでください。

① 専門スキル	② 奉仕	③ チームワーク	④ 顧客満足
⑤ 使命感	⑥ 承認	⑦ インセンティブ	⑧ 地域貢献
⑨ 業務知識	⑩ スペシャリスト	⑪ 挑戦	⑫ 執着心
⑬ 評価	⑭ 昇格	⑮ 協調	⑯ 成長

【シート①】から、「こだわり」「働きがい」を知る。

A）専門性（①、⑩）
B）やりがい・達成感（⑪、⑯）
C）責任感（⑤、⑫）
D）承認欲求（⑥、⑬）
E）人間関係（③、⑮）
F）サービス・商品（④、⑨）
G）お金・収入（⑦、⑭）
H）社会貢献（②、⑧）

【シート②】働きがい・働きやすい仕事の仕方について話し合いましょう。

【シート③】キャリアの方向性について話し合いましょう。

面談する人 （上司）	歩んで欲しいキャリア	理由
面談される人 （部下）	進みたいキャリア	理由

▼参考：上下・左右のキャリア

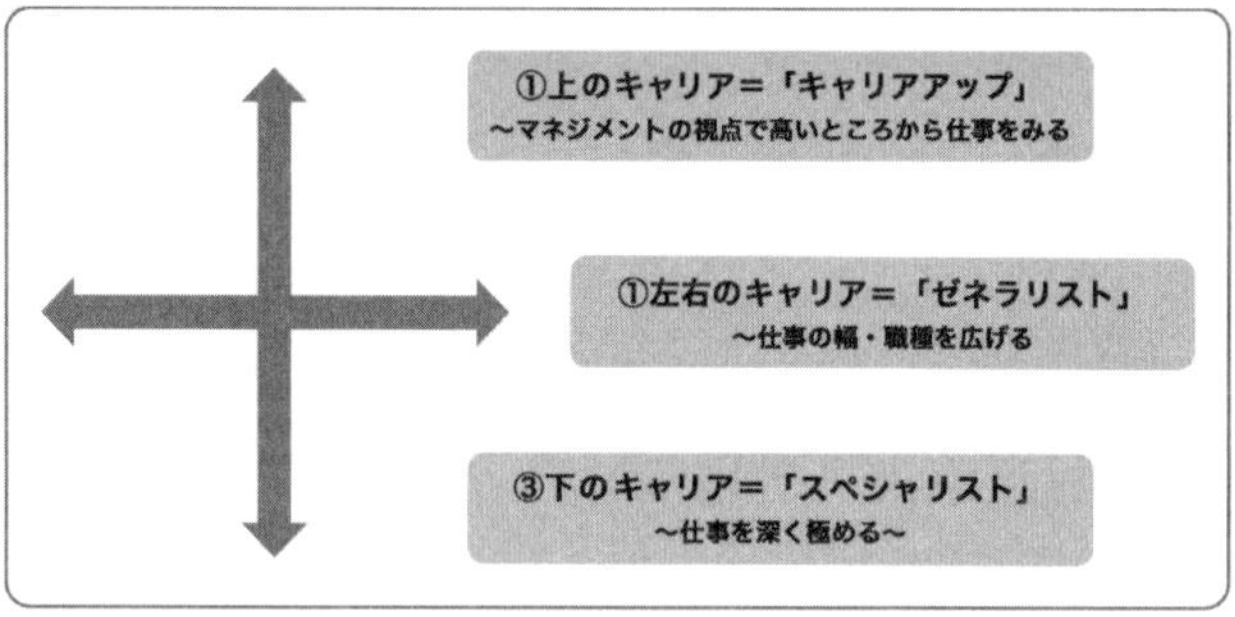
①上のキャリア＝「キャリアアップ」
〜マネジメントの視点で高いところから仕事をみる
①左右のキャリア＝「ゼネラリスト」
〜仕事の幅・職種を広げる
③下のキャリア＝「スペシャリスト」
〜仕事を深く極める〜

目的別の面談の進め方/フォーマット例③

▼MBO進捗管理/目標予実管理

区分	項目	達成基準	目標	単位	10月	11月	12月
営業施策	新サービスの営業	新規訪問件数	60	件	5	5	5
人材育成	新卒社員の教育	顧客訪問同行件数	36	件	3	3	3
効率化	営業メールの自動化	自動化件数	3	件	0	1	0
品質管理	ダブルチェック体制の確立	クレーム件数	3	回	1	0	0

▼タスク管理

作業名	開始日	終了日	優先度	ステータス
管理画面設計	2022/6/1	2022/6/10	高	完了
管理画面コーディング	2022/6/10	2022/6/20	高	完了
管理画面テスト	2022/6/13	2022/7/10	中	進行中
検索画面レビュー	2022/7/10	2022/7/20	低	未着手

部下と一緒に進捗を共有することで適切な目標管理・業務管理ができます。

①目標・業務の進捗状況を共有する
②計画通りに進んでいない所は今後のアクションプランを立案する
③人材育成の視点を忘れないことが大切

目標管理・業務管理の際も、1対1面談は人材育成の場ということを忘れてはいけません。

業務・目標での課題について、上司がすぐに結論を出すのではなく、「上手に質問をする」ことで、部下の意見を引き出しましょう。

さらに、1対1面談において目標管理、業務管理をやっていくという場合には、フォーマット例③のシートを使用することで、面談がスムーズに進行しやすいでしょう。

部下の仕事の進捗を共有することで、目標管理、業務管理も〝的外れ〟なものになりません。

ここで気をつけなければいけないのが、面談の中で目標管理、業務管理を行う場合も、それは「人材育成の場」、つまり部下の成長を促す場であることを忘れない、ということです。

◯プロセス2　部下の働きぶりを認める

これは当たり前のことかもしれませんが、1対1面談で言及し、話題にすることは、業務に関する行動、業務に関する姿勢に留めることが大切です。

業務とは関係のない、たとえば相手の容姿の特徴、プライベートでの時間の使い方、人間性などについてではなく、あくまでも業務の内容について話を進めます。

さらに面談では、いきなり指導、教育について話をしようとしてはいけません。面談の最初に行っていただきたいのは、「部下の働きぶりを認める」ことです。

上司側からしても、部下を認める言葉というのは、なかなか照れてしまって口に出せない場合もあると思いますが、たとえ「これだけは注意しておかなければならない」ということがあったとしても、まず初めに相手を認めることから話に入らないと、部下側も上司側に心を開いてはくれません。

上司のあなたが相手を承認することで、部下は日々の行動に自信が持てるようになり、後に能力を発揮してくれます。頑張っても誰も見てくれないという環境の中では、やはり頑張り続けられないものです。「いつも頑張ってるね、助かっているよ」というその一言からまず入りましょう。

「上司から普段の仕事での頑張りをちゃんと認められている」と思えば、部下の方はやはり嬉しいはずです。普段は照れてしまって相手を認める言葉を口に出せないというならばなおのこと、1対1面談を、それを伝える絶好の機会と捉えましょう。
ぜひ「相手を認める」というところから、面談に入ってください。

相手を認めるには、「具体的なエピソード」と共に

【相手を認める言葉の例】

「いつもありがとう。さて……」

などといった入り方では、相手としては「いつもって何のこと?」となりますよね。具体性がないと、言葉がどうしても軽くなってしまうわけです。

「先日まとめてくれた資料すごく読みやすかったよ、ありがとう」

「〇〇さんの作ってくれたこの資料、お客さんに持っていってみたけどすごい好評でさ、おかげで会話が盛り上がったよ、ありがとう」

「この前の会議で出してくれたアイデア、良かったよ。周りのみんなにもいい刺激になっただろうしね。これからも頼むよ」

など、具体的な事柄を指摘するようにします。

たとえば日常のちょっとした態度……電話の取り方などでもいいと思います。「あなたの電話の対応のおかげで我々は仕事に集中できています」だとか、「この間の受け答え、すごく素敵だったね」だとか、そんな、具体的にその人が〝思い当たる〟ようなことを伝えてあげてください。

たとえば相手が営業職などであれば、その成果が目に見えてわかりやすいので、成果を認めてあげるということは容易でしょう。しかし、会社の中には、間接部門など、なかなか成果が目に見えない、数値化できないような仕事もあります。そこで「あなたのおかげで」という言葉が有効なわけですね。結果だけを評価するのではなくて、そのプロセスを認めましょう、ということです。

認めるものが具体的であればあるほど、細かければ細かいほど、「私（上司）はあなたの頑張りをちゃんと見ていますよ」と伝わります。

とはいえ、こうした内容をぱっと思い浮かぶこともなかなかないでしょう。そこで、プロセス1の事前準備の段階で、思い当たるエピソードを集めておきましょう。

直近の行動を思い出してメモしておくのもいいでしょう。一番いいのは、常日頃から「この人のこれは良いな」と気づいたときに、すぐにメモを書き留めておくことです。そして面談の前にはそのメモの中からその都度伝えたいことを選ぶようにします。ぜひ「承認の事前準備」をしていただきたいと思います。

◎「ほめる」のではなく、『承認する』

ここでは、「ほめる」ではなく、「認める」「承認する」という言葉を使っています。あえて「相手を褒めましょう」とは言いません。

『嫌われる勇気』という本がベストセラーになりましたけれども、その著者の岸見一郎さんが執筆された『ほめるのをやめよう　リーダーシップの誤解』（日経ＢＰ刊）という本が出版されています。ここで〝ほめないリーダーシップ〟について、この本からの言葉を引用したいと思います。

「ほめられると自分に価値があると思えなくなる」

〈プロセス2〉　部下の働きぶりを認める

上司：先日まとめてくれた資料すごく読みやすかったよ、ありがとう。

「ほめる」ではなく「認める」ことを重視！

たとえば、親が何らかのカウンセリングを受ける際、そこに同行してきた小さな子どもが、カウンセリングの間、ちゃんと静かにしていたら、親は「偉かったね」とほめるでしょう。

しかし、夫のカウンセリングに同行してきた妻に対して「静かにしていてくれて偉かったね」などとはほめないでしょう。この場合、親は子どもが大人しく待っていられないだろうと思っていたので、思いがけず静かに待てた子どもをほめるわけです。

一方、カウンセリングに同行してきた妻をほめないのは、当然「カウンセリングの間は静かに待っている」ことができると知っているからほめないのです。

もしも夫が妻をほめたら……ほめられた妻は馬鹿にされたと思うでしょう。

「静かに待っていられて、すごいじゃん！　偉かったね」と言われたら、当然カチンとくるはずです。

そうではなく「あなたが○○してくれたおかげで私はとても助かったよ、ありがとう」「あなたのおかげで○○さんはとても喜んでいたよ」というのが承認です。

「あなたはこの組織の一員としてとても役に立っているんだ、あなたの居場所はちゃんとここにあるんだよ」

具体的なエピソードと共にそう相手に伝えることが、相手への承認です。

こうした具体的な承認があると「見てくれてる」「この人の言うことなら」と、少し心を開いていただけるかもしれません。

苦手だなと思ってらっしゃる方であればあるほど、苦手だからやってないと思いますので効果は抜群です。

ほめるのもう一段階上の〝承認する〟ということを意識して、ぜひ面談をスタートさせてみてください。

○プロセス3　面談の本題に入る

まず相手を承認し、そしてようやく本題に入るようにします。

初回の面談だと振り返りはないのですが、2回目以降は前回の面談からの振り返りを行ってください。

「前回こう言っていたけれども、これについてはどう改善したかな？」

「先月と比べてここが成長したかな？」

など、質問することによって前回からの変化を相手に自分で話させることが大事です。

「何が成長したと思うのか？」

「どんなことにやりがいを感じたのか？」

前回の面談からその日までの振り返りと、さらに、「今現在、困っていることは何か？」「今現在、協力して欲しいことは何かあるか？」ということの質問も行います。

抱えてしまっているものが何かないのかどうかを確認しておきましょう。

部下が抱える不満を上司が把握しておかないと、知らない間に不満が爆発して、たとえば大きなミスや事故につながってしまったり、お客様にご迷惑をおかけしてしまったり、あるいは部下が「ある日突然辞めてしまう」なんてこともあります。

あるいは悶々とした不満からメンタルに不調を覚え、休職してしまうなんてことも、最近ではよく聞く話です。

相手の精神衛生を考えたうえでも、相手が「本当は手を差し伸べて欲しい」と思っていることがないかどうかを、ここで見つけていきます。

業務態度の良さなど、上司の目から見て気づいたことはぜひ承認していただきたいですが、それ以外にも、たとえば終業後の勉強だとか周りの人間への気遣い、子育てや介護など、社内では見えない場所で頑張っていることが実はあるかもしれません。そうした〝目に見えない頑張り〟を自分から話してもらう機会となるよう、上司側から働きかけることが大切です。

○「さらに上を頼る」というやり方

「これまでどうしてきたか？」という過去の話をしました。「今、困っていること、協力して欲しいことはあるか？」という現在の話をしました。当然次に来るのは「未来の話」ですね。

「今後どんなふうに仕事を進めていくのか？」

「今後取り組みたい仕事やチャレンジしたいことはあるか？」

それらについてもヒアリングし、その意見についてアドバイスをします。

「じゃあ、こういうのを手伝うね」

「それは、○○さんが詳しいはずだから、一度話を聞いてみたらどうかな」

アドバイスは簡単なもので構いません。

「私はあなたの未来に協力したい」「私はあなたを応援している」という姿勢であることをわかってもらえることが大切です。

たとえば部下から「会社のこんなルールで困っている、だから何とかしてほしい」などと申し出られることもあるかもしれません。

経営のトップであれば、その場で考えてその申し出に対して回答ができるでしょうし、あるいは改善に向けて即動き出すこともできるでしょう。しかし、面談をする上司がそのような力を持っているわけではありません。

「そう言われても、自分には何ともできない……」

「自分に言われても困っちゃうんだよな……」

なんて思うこともあるかもしれません。

そんな場合には、このように答えてあげるべきでしょう。

〈プロセス3〉 面談の本題に入る

部下は「本当は手を差し伸べて欲しい」のではないか？

「会社への改善を自分から（上層部の会議などの）議題に挙げてみるね」

そんなふうに、さらに上を頼るということを明言すればいいのです。

1対1面談は、部下の抱える問題や悩みを〝その場ですぐに〟解決するという機会ではありません。「困ったらさらに上を頼る」そんな気持ちで部下の言葉を受け止めてください。

○プロセス4　次回の面談までにやるべきことを決める

次に、次回の面談までの間でやるべきことを決めます。

「今日、こういう話がでたけれども、来月の面談までにどこまでがんばれそうかな？」

「目標達成のためにはどんな行動が必要だと思う？」

など、質問を通して部下にやるべきことを決めてもらいます。

実はこれが意外と難しいのです。

上司側が「あれとこれをやっておいてね」と言ってしまうのは、簡単なことです。

しかしここでのポイントは、部下に「自分で決めてもらう」ということ。上司としては、つい「指示」のかたちで口を出したくなるかもしれません。

しかし、同じ取り組みであっても、人から指示されたことと自らが決めたことでは、取り組みへの姿勢が変わってきます。

自分で決めたことだからこそ、やる気が起きるわけです。

「次回（の面談）までの取り組みを自分で決めさせる」……このときのポイントは2つあります。

・取り組みの「期限」を決めさせる
・取り組みの「着手日」を決めさせる

大事なのは2つ目です。

「期限を決めることが肝心」とよく言われますが、期限だけでは「まだ期限まで余裕があるから大丈夫か」「後で集中してやればいいや」などと、取り組みがギリギリになってしまいます。

〈プロセス4〉 次回の面談までにやるべきことを決める

上司：そうか。そうしたら、今度その業務のやり方を一度教えようか。
そうしたら進められそうかな？
部下：はい！やれそうです！
上司：そうしたら準備をいつまでにやろうか？
部下：○日までにやります

実は「期限」より取り組みの「着手日」が大事！

それで後になって「急な用件が入ってしまった！　もう期限までに時間がない！」なんてことになるというのも、よくある話です。

「いつなら着手できそうか？」

部下にはそれも考えさせるようにしましょう。

取り組みへ着手する日が決まれば、上司側としてもその取り組みの理想的な進捗が想像できるはずです。そうすれば、「まずはこれを片づけてしまってから……」などとスケジューリングのアドバイスもできるでしょうし、「この日だったら相談に乗る時間を作れるよ」と、上司自身のスケジュールを調整してあげることも可能です。

○プロセス5　面談内容を記録し、相手の気持ちを前向きにして終える

最後のこのプロセスは、とても大切なものです。

1対1面談を実施しているという会社でも、その際の面談の内容を議事録として残している、という会社は多くはないでしょう。

「面談をして、それで終了」では、次回の面談でしっかりと部下の成長度合いを見極

めることは難しくなります。

簡単なメモ書きでも構わないので、「困っていることは○○についてだった」だとか「今後は××にチャレンジしたいらしい」など、面談の内容、部下の発言を記録しておきましょう。

そしてその記録は、部下と共有することをおすすめします。部下にとっては自分の取り組みの課題の確認にもなりますし、上司にとっては「今回はこれとこれについて聞いてみよう」という事前準備の材料になります。


さて、取り組みが決まり、記録を残したら、最後に忘れてはならないことがあります。それは「相手の気持ちを前向きにして面談を終える」ということです。

たとえば面談を通して、部下のやるべきことがたくさん出てきた……。

このとき、「やることがたくさんで今から憂鬱だ」と思うのと、「さあ！　これから頑張るぞ！」と思うのでは、当然その後の仕事へのモチベーションも大きく異なります。

「今日はいいことが聞けて私もあなたの成長がうれしいです」

〈プロセス5〉 相手の気持ちを前向きにして終える

上司：では、それでやっていこう！今日は〇〇さんのことが聞けて良かった。次の面談も楽しみにしているよ。
部下：はい！頑張ります！

「これができたら来月もっと成長できると思います。あなたならできると思っているので頑張ってみましょう」

という気持ちを自分の言葉で相手に伝えて、必ず相手を前向きな気持ちにしてから、面談を終えるようにしましょう。

「次回は今回の振り返りから（面談を）始めましょう。楽しみにしていますね」

「楽しみにしています」……そう言葉にするだけでも、相手は前向きな気持ちになれるものです。

第5章

面談トーク　7つのテクニック

◯まずは「傾聴」を心掛ける

この章では、1対1面談の実践におけるコミュニケーションのポイントやテクニックについてお話ししてきたいと思います。

私たちの会社が人との対話において最も重視する姿勢、それは「傾聴」の姿勢です。傾聴という言葉をお聞きになったことがある方も多いかと思います。傾聴とは、相手の話、相手の意見に深く丁寧に耳を傾け、相手の立場に立ち、思いに共感し理解を示すという、カウンセリングやコーチング、マネジメントで使われるコミュニケーションテクニックです。

われ先にと話す、とにかく自分の意見を押し通そうとして話すのではなく、会話においては「まず相手の話を聞き、理解する」というのが、傾聴のやり方です。

相手の話を聴いている時には、決して否定的な態度を取らないようにします。もちろん、相手の話がすべて正しかったり、自分とまったくの同意見だということはないでしょう。それでもまずはその話を理解し、受け入れることが大事です。

丁寧に話を聞き、相手を理解しようとする姿勢は、相手に強く伝わるものです。

「この人は自分の話を聞いてくれる」
「この人は自分を理解しようとしてくれている」

相手はそう思うことで、心を開き、信頼を寄せてくれるわけです。

この傾聴の姿勢は、上司と部下の関係のみで使われるものではありません。私たちの会社では、お客様に対しても常に傾聴の姿勢を崩さず、お客様の立場に立つ、お客様の身になって考え、行動することを心掛けています。それが、お客様からの信頼を得るための大切な姿勢であると考えるからです。

目の前の相手からの信頼を得るためには、まずは「傾聴」です。

テクニック1

相手の話は「積極的に」聞く（アクティブリスニング）

傾聴の姿勢を持ったうえで、細かい「話の聞き方」についてお話ししていきましょう。まずは、相手の話は「アクティブに聞く」ということです。

アクティブな聞き方といっても、普段はあまり意識しないかもしれませんね。簡単に言ってしまえば、「あなたの話をちゃんと聞いていますよ」ということを相手にアピールできるような聞き方をする、ということです。

何のアクションもなしに黙っているだけでも、あるいはたとえ姿が見えなかったとしても、相手の話が音として耳に入ってくれれば、それは「話を聞いている」ということになるでしょう。

しかしそれでは対話にはなりません。ましてや傾聴とはほど遠い姿勢といっていいでしょう。

ただ黙って話を聞いているのではなく、多少大げさと思えるような表情や姿勢、相手の話の後に質問をするなどのアクションで、相手の話を積極的に聞いているということをわかってもらえるようにしましょう。

また、積極的といっても、あくまでも傾聴の姿勢を忘れないようにしましょう。相手の話に即反応して自分の意見を語り出すことは避けます。

「それは違うだろう！」
「いやいやいや、そんなことはないって！」
「うーん、どうかなあ、それ……」

など、相手を否定するような言葉はもちろんＮＧです。

テクニック2

相手の目を見て会話する

Ｚｏｏｍなどを使ったテレワークでオンラインのミーティング等をされたことのある方であれば、直接の対面との違いに違和感を覚えたことも多いでしょう。

その一つに、「相手に自分がちゃんと見えているのか?」というものがあるはずです。

相手がモニターを鏡がわりにして、そこに映る自分の顔ばかりを見ているため、自分に対して問いかけているにもかかわらず、こちらを見ていない……なんて感じられることもよくあります。

「相手の目を見て話す」……これは相手の存在承認欲求を満たし、相手に「自分の話を聞いてくれているんだな」と思ってもらうための、基本的なアクションです。

オンラインではモニターに画面共有で資料が映し出されることもあり、それを見ているという場合もありますが、それでも頻繁に〝カメラ目線〟を作り、モニターの向こう側にいる相手に「ちゃんと話を聞いていますよ」「ちゃんとあなたを意識していますよ」ということをアピールするようにしたいものです。

当然、直接の対面であればそれはダイレクトに伝わります。話を聞く時も、話をする時も「相手の目を見る」ことを意識してください。

テクニック3

相手の話にうなずき、相づちを打つ

「ノンバーバルコミュニケーション」という言葉をご存じでしょうか?

これは「非言語のコミュニケーション」という意味で、文字どおり〝言語以外〟の表情や身振り手振りといった視覚的なもの、声のトーンなどの聴覚的なものなど、人間の五感に訴えるようなコミュニケーションのことをいいます。

実はこのノンバーバルコミュニケーションは、人が人から受ける印象に大きく関係するものです。アメリカの心理学者アルバート・メラビアンの発表した「メラビアンの法則」によると、コミュニケーションにおいて受け手の印象に与える影響は、話の内容が7％、声のトーンなどの話し方が38％、そして表情や身振り手振りが55％であるとされています。

「どんな話をするか？」はもちろん重要なことに変わりありませんが、1対1面談においで相手と対峙するときには、前述のような「目線」（どこを見ているか？）のように、ちょっとした表情やしぐさも非常に大事だ、ということです。

会話の中でのしぐさですぐに思い当たるもの、会話中のジェスチャーといえば、「うなずき」でしょう。

相手の話を聞きながらうなずく……この時大事なのは、テンポです。

「うんうんうん、はいはいはい」などと、話のテンポを考えず間を開けずにうなずいているだけでは、「この人、本当に自分の話を聞いているのかな」「話の内容、わかっているのかな」と思われることでしょう。話のペースに合わせてうなずく、ということを心掛けてみましょう。

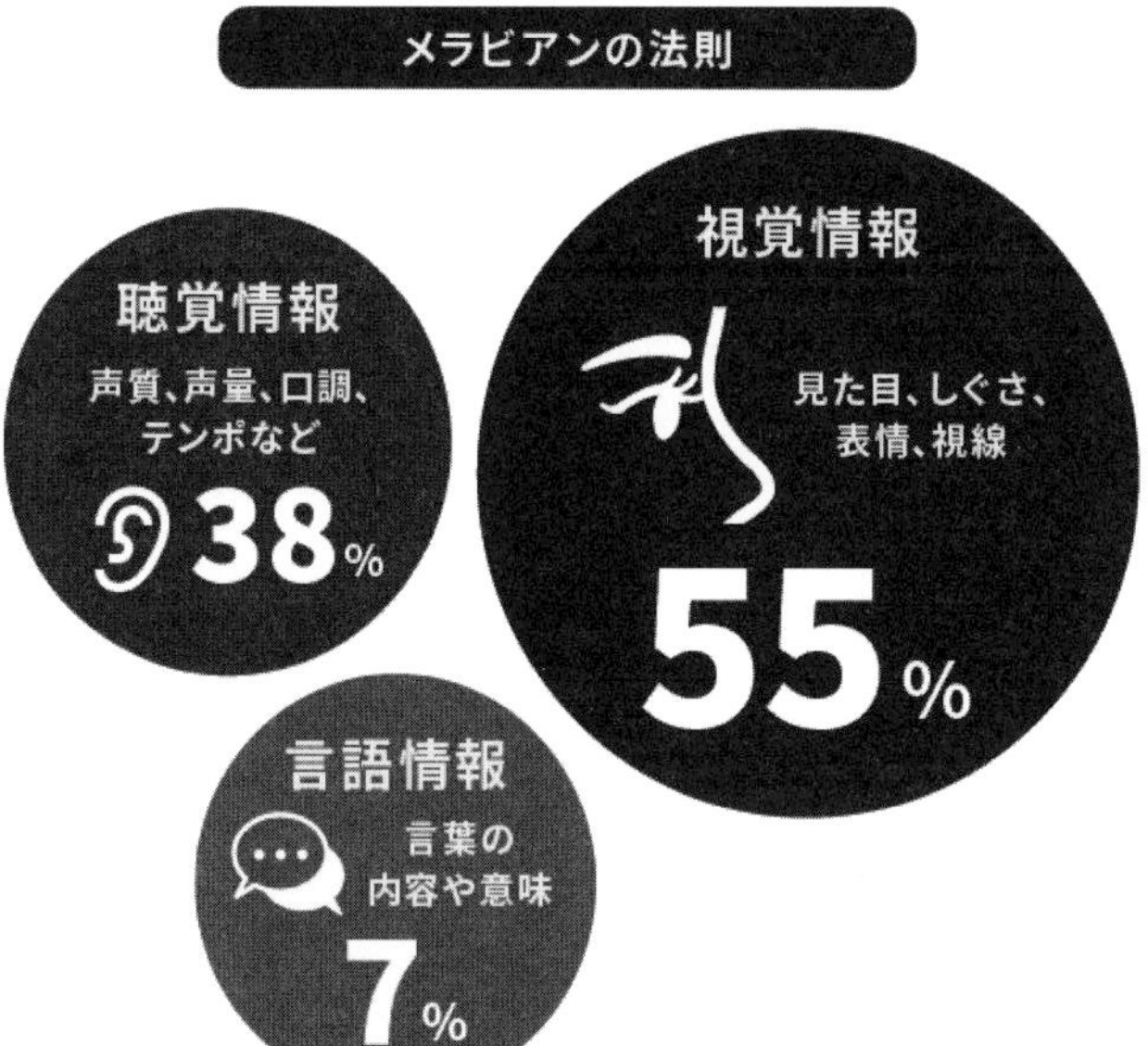
メラビアンの法則
聴覚情報
声質、声量、口調、
テンポなど
38%
視覚情報
見た目、しぐさ、
表情、視線
55%
言語情報
言葉の
内容や意味
7%

また、うなずきとセットで考えるべきものが「相づちを打つ」ことです。

傾聴の姿勢を持つとはいっても、こちらがただ押し黙っているだけでは、相手に対して「話を聞いていますよ」ということが伝わりにくいものです。

「なるほど」「たしかに」「そうですね」と、あくまでも相手を肯定する言葉で、これも相手の話すペースに合わせて、テンポよく会話に挟み込むようにします。

テクニック4
オウム返しをする

相手の話に合わせてのうなずき、相づちがうまくできない……という人もいるでしょう。

そんな人は、無理にノンバーバルコミュニケーションにこだわらず、まずは「相手の言葉をそのまま繰り返す」ということを試してみてください。

いわゆる「オウム返し」というものです。

たとえば相手が「今日は暑いですねえ」と言ってきたら、こちらも「暑いですねえ」

と返す……それがオウム返しです。

部下「新規のお客様がとてもいい方なんです」
上司「いい方なんだ」
部下「お会いするときはいつも会話が弾むんですよねぇ」
上司「お客様と会話が弾む、うん」

上司と部下との会話では、こんな感じになるでしょう。
単に相手の言ったことを繰り返しているだけにもかかわらず、相手にとっては「自分の話をちゃんと聞いているんだな」と強く思えるものです。

テクニック5

すぐに反対、反論しない

相手の話を聞いている最中に、その話を遮って否定的な言葉を使う、すぐに反対、反論することは、絶対にNGです。

もちろんこれをあえてやっている、なんていう人はいないでしょう。しかし、「上司と部下」という関係においては、実はこれが自然と出てしまうことがよくありがちなのです。

経験を積んで役職を上げてきた上司は、当然部下よりも経験や知識が豊富です。しかし、それを前提としてしまい、部下の意見を即座に否定することは避けるべきです。

「いや、それは違う」

「いや、そんなことはない」

など、一言目に「いや」という言葉を使っていないでしょうか？

思い当たる方は要注意です。

また、会話の内容によっては、「いや」と否定することが相手を承認する、というようなこともあるでしょう。

「僕は最近、全然仕事に自信がないんですよね。実はこの先、退職も考えているんです」

たとえば部下からそんなことを言われたら、即座に〝相手を否定してあげたくなる〟かもしれません。

「いや！君はもっと仕事に自信を持っていいんだよ！」

「そんなことを考えるな！」

……とはいえ、それでもやはり「すぐに反対」はしないほうがいいでしょう。

まずは相手の思いを受け止めて、相手の立場に立つことを考えてください。

「そうか、今、仕事に自信がないのか」

「退職まで考えているのか」

など、相手の話を聞き終えたら「オウム返し」を使って、「相手がそう思っているんだ」という状況を肯定してあげるべきです。

反対意見、反論は、その後でゆっくり伝えればいいのです。

反射的に、即座に相手の意見を否定することに気をつけてください。

テクニック6
すぐに答えや結論を出さない

「1対1面談は、答えを教える場ではない。考えるきっかけを与える場である」

「答えは部下自身の中にあると信じる」

そう意識することも大事です。

つまり、部下との対話のなかで「すぐに答えや結論を出してしまってはいけない」ということです。

自分自身で考えることは、部下の成長を促すことにつながります。すぐに「こうすればいいよ」と上司側が勝手に答えを決めて伝えてしまうことは、単なる〝指示〟と同様のこととなります。

「答えや結論はすべて上司が持っているのだから、言われたことだけやっていればいいや」などと考え、自ら考えようとしない、いわゆる〝指示待ち社員〟を作り出すだけ……。

もちろんそんな人材を望んでいる会社はないはずです（あったとしたら、それはそれで大きな問題ですが……）。

たとえば何か仕事でつまずいている社員が、1対1面談でそのことを打ち明けてくれたなら、その際は上司側がすぐに「こうしなさい」と答えを出すのではなく、まずは自分で考えるきっかけを与えてあげます。

そのきっかけとなるのが、上司側からの「質問」です。

「今はどんな状況なんですか？」

「第三者から見たら、それはどういう状況なんだろうかね？」

このような質問をして、相手に具体的な答えを出してもらうことで、相手に「現状」を把握してもらいます。

さらに、
「つまずきの元となってるのは何だと思いますか？」
「何が足りていれば問題は解決すると思いますか？」
と、問題解決の方法を考えさせるための質問をして、部下自らの意見を出してもらいます。

このように、さまざまな角度から質問をすることによって、部下に「自分に問いかけ、答えを導き出す」という機会を与えてあげましょう。

テクニック7

相手に寄り添って、根気強く考え方や意見をすり合わせる

面談に限らず、1対1の対話の場合、相手がネガティブであったら、そのネガティブさにこちらも引きずられてしまう……なんてこともあります。

部下があまりにも落ち込んでいてネガティブな場合、上司側がそこに引きずられな

いようにすることも大切です。

たとえば面談中に部下が、仕事や会社に対する愚痴ばかり言っている……。それに上司側も引っ張られて、一緒になって愚痴を言ってしまったりしては、せっかくの1対1面談の時間がまったくの無駄、いわゆる〝愚痴を言い合う飲み会〟と同等になってしまいます。

上司側が心掛けなければならないのは、部下のネガティブさに「同調しない」ということです。

相手の立場に立つこと、相手に寄り添うことは、もちろん極めて大事なことです。しかしそれは、相手に引きずられること、相手と同じ気持ちになることとは違います。

「なるほど、そうなんだ」

「そういう状況があるんだね」

というふうに、まずは事実を受け止める。これだけで十分、相手の立場に立つ、という姿勢は示すことができます。

その後で、前述のような「相手に自分で考えさせるための質問」をしてください。

根気強く、考え方や意見をすり合わせる。

これが寄り添いの姿勢です。寄り添うことはしても、くれぐれも一緒にネガティブに落ちていかないでください。

第3章でもお話ししたように、1対1面談は〝徐々に〟効果を表すもの。1回面談をしたからといって、それで部下が心を開いてくれることはないかもしれません。

それでも相手に寄り添い、根気強く考え方や意見をすり合わせることが大切です。


また、相手に引きずられないためには、上司側の拠り所となる価値観も必要です。

その価値観とはすなわち、会社の経営理念です。

私たちの会社には「明るく・楽しく・元気に・前向き」という理念があります。その価値観を拠り所とすることで、たとえネガティブな相手を前にしても、前向きでいこうという姿勢を忘れずにいられるわけです。

第6章

1対1面談　ケーススタディ

◯ケーススタディで見る1対1面談

フレームワークに沿った面談をしていても、予想外の相談をされることがあります。このような場面では基本的なコミュニケーションで部下と信頼関係を築く必要があります。

あなたは上司として、部下にどのようなアドバイスをすればいいでしょうか。
実際に面談事例を見ていきましょう。

【対象者（部下）Aさん】営業事務
27歳／女性／入社5年目

・面談中に「今後頑張りたいことはありますか?」と質問したところ……。
・前向きな話が聞けるかなと思っていたのですが、Aさんは表情が暗くなってきて、悩み始めてしまいます。

・「実は入社してからずっと同じ仕事をやっていて新鮮味がない」とのこと。
・先輩との人間関係についても悩みがあり、「今後どのようにこの会社でキャリアを積んでいけばいいのかわからない」と打ち明けてきました。

Aさんは若手社員らしく、業務をスピーディーにこなしてくれるのですが、詰めが甘いところがあるお調子者です。ただ、彼女のおかげで部署内の雰囲気も良く、あなた（上司）はとても助かっています。

なので、Aさんにはこのままやめてほしくないし、この会社でもっと一緒に頑張りたいと思っています。

とはいえ、Aさんには詰めが甘いところもある。そういうところも伝えていかなければならない。

さあ、どのように伝えるべきでしょうか。

上司「今後頑張りたいことはありますか」

Aさん「はい、えっと〇〇さん（上司）、実は入社してからずっと同じ仕事をやっていて、毎日新鮮味がないと思っています。先輩との関係についても悩みがあって……今後どのようにキャリアを積んでいけばいいかがわからないというような状況になっています。

私はどうしたらいいかアドバイスをぜひいただきたいと思います」

上司「はい、まずは言いにくいことを伝えてくれて本当にありがとうございます。毎月Aさんとは面談を重ねてきたんですけども、それにもかかわらずそういう風に悩んでいるということを気づいてあげることができなくてごめんなさいね。

Aさんは普段からとても明るくて、持ち前のキャラクターを生かして部内のムードメーカーとして、とても明るい雰囲気を作ってくれているなと思っていて、私としてもとっても感謝をしていますよ。いつも本当にありがとうございます。

仕事もすごくテキパキ進めてくれているし、ムードメーカーでもあるんだけれども、もっと成長するためには、仕事に関してちょっと詰めが甘いところがある……というのも、自分でも思い当たるところがあるのではないかなと思います。

ですので、これからは行動する前に一度考えて、場合によっては相談してほしいと思います。

私もいつでも相談して欲しいと思っているし、他の先輩もAさんから頼られるときっとうれしいと思うので、ぜひ上手に色んな人を頼って成長してほしいと思っています。

相談してくれた悩みに関しては、実は今までもこの営業部から他の部署に異動して活躍してもらえたという事例もあるんです。『この会社だとキャリアを積んでいけない』と考えるのではなく、他の部署で積むことができるキャリア、また成長できることもあると思うので、その道も考えてみてほしいと思うんだけど、どうでしょうか?」

Aさん「はい、ありがとうございます。そんな考え方があると今まで思ってなかったので悩んでしまってました。ありがとうございました。また相談させていただきます」

上司「ありがとうございました」

「まずは言いにくいことを伝えてくれてほんとにありがとうございます」
「気づいてあげることができなくてごめんなさいね」
「Aさんは普段からとても明るくて……」

さあ、〝まずは承認から伝える〟ということがイメージできましたでしょうか。

ここからは、さらに有効なコミュニケーションのポイントを見ていきましょう。
ここでいうコミュニケーションとは、1対1面談の際に限った話ではありません。
さまざまなコミュニケーションの場……友達関係、もしくは家庭関係でも使えるものです。

○ポイント1　具体的な話をする

単に「いつもありがとう」と伝えるのではなく、「何に対して〝ありがとう〟と思っているのか」と、具体的な話をすることが大事です。内容が細かければ細かいほど、相手には真意が伝わりやすくなります。

先の事例でいえば、Ａさんが「持ち前のキャラクターを生かして部内のムードメーカーとして、とても明るい雰囲気を作ってくれている」ことに対して、上司はありがとうと言っています。

「あんなことまで見ててくれてたんだ」
「見られすぎて恥ずかしい」

……部下側からそう思われるほどのものを見つけられたら、チャンスです。

ここで有効なのが、第4章でお話しした「メモの習慣」です。

メモの良い点は「その場では忘れてもいい」ということです。メモを取らないと、何か日常で相手の承認ポイントを見つけた時も、面談までには忘れてしまうことでしょう。

また、面談中の内容をメモしなければ、「ああ、この話は忘れてはいけない」と神経を張り巡らせてしまい、肝心の面談の中身に集中することが疎かになってしまいます。

メモはいわば、脳の外付けのハードディスクのようなもの。どんどんとメモしましょう。

○ポイント2　「大丈夫?」は禁句

面談中には「大丈夫?」という言葉は口にしないことです。

人は「大丈夫？」と聞かれると、反射的に「大丈夫です」と答えるように脳がプログラミングされているからです。

全然大丈夫な状況ではないのに、「はい、大丈夫です」と答えてしまう……。あなたにも経験があるのではないでしょうか。

では、どのように聞くことが適切でしょうか？

たとえば、「どこで（何に対して）困っている？」と、具体的なポイントを聞くことです。そこで相手が「抱えている業務のスケジュールで困っている」ということであれば、「大丈夫？」ではなく、「無理そう？」と聞いてください。「大丈夫？」と聞かれると「はい、大丈夫です」と答えてしまうのに、「無理そう？」と聞かれると、不思議なもので同様に「はい、ちょっと無理かもしれません」と答えやすくなります。

相手が困難を抱えている際には、「大丈夫？」以外の言葉のバリエーションでの質問を心がけましょう。

○ポイント3　相手から「何を頑張ったか」を言ってもらう

「自分なりにどこを工夫して頑張ったか？」

それを相手に尋ねるようにします。

承認することも大切ですが、上司側が的外れなポイントにフォーカスしてしまうと、部下からすれば、「(見ていてほしかったのは)そこじゃないんだよな……もっと工夫していたことがあるのに……」と、かえって反発を招いてしまうこともあります。

1対1面談という、ある意味クローズドな場だからこそ、本人の口から胸を張って「自分で頑張ったこと」が言える時間を確保することが効果的です。

このように、上司側から見える部分と部下本人がこだわっている部分は、違うこともあります。「あなたはこういうところを頑張った」と、決めつけないで会話をするようにしてください。そうして部下の方から「実は……と思っています」と、本音を引き出すことができれば、1対1面談は上司・部下双方にとってより実りのある時間となります。

○日ごろから関係性を築く

3つのポイントをお伝えしてきましたが、押さえるべきポイントは押さえ、覚えておくべきテクニックは覚えたうえで、あえてテクニックを重視しすぎない、ということも必要です。

「テクニックがすべて」と考えてしまうと、人間味がなく、ただマニュアル的、機械的に面談を遂行しているだけといった、人間味のないものになってしまいます。少しずつ、自然にテクニックを発揮できるようにしていきましょう。

また、上司からすれば部下はたくさんいて、何人とも面談を行うかもしれませんが、部下が自分の意見を話せるのは「上司である自分だけ」だという意識を持つことが大切です。

そもそも論にはなりますが、面談の場だけで取り繕うとせずに、日頃から部下の良いところを見つける姿勢を心掛けてください。

日頃からの関係性ができていなくとも、繰り返し行う1対1面談の中で徐々に信頼関係を構築することによって、日頃からの関係性も相乗的によくなっていきます。

部下の方にもこの面談の重要性をわかってもらい、「あ、今度面談あるから、あの場で話そう……」と、面談を心待ちにしてもらえるような関係を築いていきましょう。

○よくある失敗例

続いては、1対1面談の失敗実例を紹介しましょう。

私たちの会社にも寄せられる実際の失敗の実例をもとに、成功のポイントをお話しします。

では、2つのケースを見ていきましょう。

【ケーススタディ1】

部下　「面談で〝毎日よく頑張っているな!〟と上司から言われるけれど、本当にそう思っているのか疑ってしまう。上司に面談への真剣さが感じられない……」

「面談を繰り返すなかで、部下の不満が募ってしまう」というパターンです。「何のための面談なのか？」「上司も面談に価値を感じてはいないのではないか？」……そう取られてしまうわけですね。

このようなケースではどのような対応が求められるでしょうか。

このパターンの何が問題かというと、上司の「毎日よく頑張っているな！」という言葉が、抽象的なフィードバックになっているということですね。

部下の働きぶりを承認する際は、コミュニケーションのポイント1でお話ししたように、具体的なエピソードを交えて話すと説得力が増します。

「この前一緒に訪問したお客さん、君が一生懸命商品の説明をしてくれたので助かったと言っていたよ。頑張ったな」

「毎朝誰よりも早く出社しているそうじゃないか。○○さんがほめていたよ。頑張ってるな」

そんなふうに具体的なエピソードに触れることで、「この人ちゃんと自分に着目しているんだ」という印象を部下に与えることができます。

【ケーススタディ2】

上司「部下にマイナスの評価、直して欲しいところを伝えなければならないけれど、気を遣ってしまいなかなかうまくいかない」

「職場内をなるべく平穏にしておきたい」
「自分なりにがんばっている部下にマイナスの評価を伝えるのは、かわいそうだ」
「マイナスの評価を伝えたら、辞めてしまうのではないか？　それは困る……」

そう考えてしまう上司も多いことでしょう。

ここでの模範回答としては、「まずは肯定的な言葉をかけて心を開いてもらう」ということになります。

いきなり本題として直して欲しいところを率直に伝えるのではなく、前述のように、頑張っている点をピンポイントで具体的に伝えることです。その後、否定的な意見をする際に相手に素直に受け取ってもらえるように、アイスブレイクをして場を和ませておくことが大切です。

また、「～してください」ではなく、「～して欲しい」と伝えることも有効です。「～してください」と「～して欲しい」の違いは日本語でいうと少し難しいのですが、英語で言うと、「～してください」は、「あなたは～してください」と、YOUが主語。「～して欲しい」は、「私は～して欲しい」と、Iが主語です。これらはユーメッセージとアイメッセージと言われるものです。

「あなたはもっとこうしたほうが良い」……あなたが主語になっているので、受け取った方は命令された気分になってしまうわけです。

逆に「私はあなたにこうして欲しいと思っている」と伝えることで、それは命令ではなく、提案、あるいはリクエストとなり、受け取る側も受け取りやすいでしょう。

あるいは、会社全体として拠り所となるもの＝経営理念などに照らし合わせて伝える、というやり方もあります。

上司個人の考えで「それはダメだ」と言うのではなく、あくまで会社の方針として話すと、上司側も話しやすいでしょうし、部下としても「たしかに経営理念とは違うかも……」と、意見を受け取りやすくなります。

たとえば私たちの会社で言うと、「明るく・楽しく・元気に・前向き」という理念に照らし合わせて「それって明るく楽しく元気に前向きかな？」などと伝えるわけです。

※面談時に話したことは口外しないように注意しましょう。面談時は1対1で話しているので、人に聞かれたくないことを話す場合もあります。信頼関係を構築するう

ユーメッセージ＆アイメッセージ

ユーメッセージ		アイメッセージ
「あなたはもっと こうしたほうがいい」	→	「私はあなたに こうして欲しい」
「こまめに報告を してください」	→	「こまめに報告を してくれると嬉しい」
「何度言ったら わかるかな」	→	「大切なことだから、 しっかり覚えてほしい」

えで、この点には特に気を配りましょう。

「当然口外はしないよ」という方にも注意していただきたいのは、面談内容の記録をエクセルなどで自分のパソコンに保存している場合です。クラウドサーバー上に保存すると、誰かに見られてしまう可能性があります。

パソコンの電源を切る場合はパスワードを付けるか、クラウド上の場合は閲覧権限をつけるようにしましょう。

○1対1面談　上司からのよくある相談例

①1対1面談が「部下の愚痴を聞く時間」になってしまう。

「上司の指示を聞き入れなかったり、愚痴を言うことが多い部下がいます」

こうした場合には、部下が1対1面談の意義や目的を理解していないということが多いものです。「1対1面談は、前向きに課題を解決していく時間」であること、1

対1面談の重要性を事前にしっかりと伝えることが大切です。

また、愚痴として表われる部下が抱いている不安に対して、「自分の強みを活かして解決できないか」「工夫すれば解決できるのではないか」と、前向きな視点で質問するといいでしょう。

②部下の評価する点が見つからない

「どうしても評価するところがないような部下に対しては、どう対応すればいいのでしょうか?」

何とも悲しい話ですが、これも私たちの会社に寄せられた、実際にあった相談です。

1対1面談の冒頭は、あくまでも「否定的なことは言わない」というところから始めてください。

面談前に部下のスケジュールを確認して、あらためて相手の仕事を振り返ってみると、何かしら進歩した部分、伸びた場面が思い出せるでしょう。

また、少し視点をずらして、あらかじめその部下の同僚に相手の良いところを聞いたり、会社の経営理念に照らし合わせた際に良い行動をしていないかなど、適切に褒めるポイントはないかを探していくようにしましょう。

ただしここでも、「いつも頑張っているな」というような抽象的なフィードバックは禁物です。

③部下とのコミュニケーションが不安

「そもそも上司である自分が、コミュニケーションが苦手な人間です。部下の本心を引き出せるか、不安があります」

ここでは端的に解決策をお伝えします。

コミュニケーションが苦手な方は、面談ではすぐに本題に入らず、相手の普段の仕事ぶりを肯定的に話すことに注力しましょう。

また、1対1面談では当然、他の上司がどんな面談を行っているかは見えません。

そこで、面談を実施する上司同士で事前にシミュレーション・ロールプレイングを行うと、互いの良し悪しの指摘ができて効果的です。

④上司側からの話が多くなってしまう

「部下が自分自身で考える、ということがなかなかできず、面談中は上司である自分からのアドバイスがどうしても多くなってしまいます」

1対1面談はあくまでも部下が話すための時間です。しかしどうしても部下が自身を考えることができなくて、単に「上司からのアドバイスを受ける時間」、説教、指導の場になってしまう、というパターンもあります。

優秀な管理職の方ほど、部下に対してのアドバイスが思い浮かび、何かと自分が口を出したいという場面が多いものですが、1対1面談ではそれをグッと堪えます。

部下の考えを深掘りする質問をして、考えるためのヒントを与えるといいでしょう。

繰り返しになりますが、1対1面談は〝徐々に〟その効果を発揮するものです。一度や二度の失敗で「効果なし」と決めつけるのではなく、継続して行うことが重要なのです。

終　章

「経営理念」が会社を成長させる

○上司は「会社そのもの」であれ

働き方、時代背景の変化から、若い世代の社員が定着しない、入社後すぐに辞めていってしまう……。

そんな状況を改善するために、社員一人ひとりの価値観やライフプラン、仕事でつまずいている点などを把握し、それに寄り添うための方法……。

それがこれまでお話ししてきた「1対1面談」です。

1対1面談の効果は私たちの会社をはじめとして多くのクライアントで現われているもので、もちろんあなたの会社でもぜひ取り入れていただきたいシステムです。

ただ、このシステムを単なる小手先のマネジメント手段にしてはいけません。

ここで最後に、1対1面談の実施にあたって決して忘れてはならないこと、会社のトップである経営者から端を発し、面談をする側が必ず押さえておかなければならないことについてお話ししたいと思います。

それは会社の「経営理念」についてです。

第2章のなかで、「(面談は) 経営理念の浸透のために理念についての話に終始する時間ではない」ということに触れました。

そう、1対1面談はあくまでも〝部下のための時間〟であり、部下の話を聞くことがメインの場。会社側が一方的に話を押しつける場ではありません。

ただ、面談の場では口に出さないまでも、上司は自社の経営理念をしっかり理解し、それを普段から体現していなければなりません。

1対1面談は、かたちの上では文字どおり1対1、つまり上司という人間と部下という人間のパーソナルな対話ということになりますが、部下の側から見れば、目の前にいる上司はやはり「会社側の意見を持っている人」です。部下は上司を通して、会社そのものを見ている、というわけです。

「ウチの会社は……」と部下が語るとき、それはある意味、上司のことを指している、と言ってもいいでしょう。極端に言えば、上司は「会社そのもの」として部下と接しなければならないのです。

そして、「その会社がどんな会社か？」を示すものが、経営理念です。

○会社には理念と利益の両輪が必要

会社経営の目的とは何か？

そう問われれば、そこには当然「利益の追求」という答えも出てくるでしょう。

しかし、経営者がそれだけを考えていては、社員は誰もついて来ないでしょう。もし〝利益の追求こそが自分の仕事のすべて〟だと考える社員がいれば、その人はいずれ「もっと稼げるところがあるはず」という思いで、やがては会社を去っていくでしょう。

あなたの会社に必要なのは、そんな人ではないはずです。

「こんな会社でありたい」

「会社としてこんなことを目指したい」

……そんな思いに共感してくれて、会社が一丸となってその目標に向かって仕事をすることに魅力を感じてくれたなら、その社員は「すぐに辞めてしまう」なんてことはないでしょう。

とはいえ、もちろん資本主義社会の日本で、会社が利益を追求することは当たり前のことです。

私は、理念と利益は「両輪」であると考えます。

自らが共感する「こんな会社であろう」という理念に従って仕事をし、その結果として利益が出る、稼ぐことができる。理念に従えば従うほど、利益がついてくる……。

そんなかたちこそ、社員が喜んで仕事をする＝会社に定着するモデルです。

社員に利益の追求、つまり数字ばかりを追いかけさせていては、やがて社員は疲弊して、仕事がつらい、おもしろくないと考え、そして会社を離れていってしまうことでしょう。

○借り物の経営理念はいらない

そもそも、経営理念とはどんなものでしょう?

「広く世の中から認められるような理想的な言葉」や「耳障りの良い、道徳的な言葉」を想像する人は多いでしょう。

そのため、自社の経営理念もコピーライティング的に「いい言葉」を捻り出す会社もあるかもしれません。

しかし、それは間違いです。

「何かいい言葉を」という出発点から導き出される経営理念は、生きた言葉ではない〝借り物〟の言葉です。極端に言えば、会社の誰もがその言葉に共感していなくても、もっと言えば、誰もその言葉を知らなくてもいい、というものです。

「経営理念とはその会社がどんな会社かを示すもの」とお話ししましたが、借り物の経営理念は「建前の理念」ということになってしまいます。人は建前に対して、本気で共感はしません。

もっと厳しい言い方をすれば、借り物の経営理念は「ウソでもいいので、とりあえず対外的に用意しておくだけのもの」ということになります。

社会に対して自社がどのような思いで経営をしているかを示すことは、もちろん大事なことです。しかし、経営理念は何よりも「社員のため」にこそあるべきです。

「明るく・楽しく・元気に・前向きなTOMAコンサルタンツグループは、本物の一流専門家集団として、社員・家族とお客様とともに成長・発展し、共に幸せになり、共に地球に貢献します。」

これは私たちTOMAコンサルタンツグループの現在の経営理念ですが、この言葉はもちろん、私・藤間が本気で願うことであり、何の建前も綺麗事もないもの。もちろん世の中ウケを考えたものでもありません。

「みんなでこういう会社としてやっていこうじゃないか」

「こんな会社でありたいんだ。そうだろう？」

と、私の本音を表した「旗印」です。この旗の下に集う社員とともに、理念を実現させていくことが、すなわち経営です。

ですから、経営理念はずばり「経営者の魂から湧き出た〝本気の言葉〟」でなければならないのです。

本気の言葉であってはじめて、人が共感し、一緒に実現を目指そうとするものになるのです。

たとえ経営理念が「広く世の中から認められるような理想的な言葉」「耳障りの良い道徳的な言葉」になっていたとしても、それが悪いというわけではありません。

問題は、「それが経営者にとっての本気の言葉であり、そのための行動を本当にしているか？」ということなのです。

経営理念と経営者、そして会社の行動に矛盾があれば、社員はそれを察知するものです。

「経営理念はあってないようなもの」「気にする必要はないでしょう」……そう思われても仕方がないことです。

しかしそれでは、社内は無法状態。社員の気持ちもバラバラに。そんな会社に魅力がなく、人材も定着しないだろうということは、想像しやすいことでしょう。

○経営理念は憲法であり、会社のブレーキ

私たちの会社では、経営理念を『憲法』のようなものと捉えています。

年度ごとに定められる経営計画書も、その拠り所となるのは経営理念です。

「その事業目標は経営理念に合っているか?」「経営理念から外れるようなこと（つまり憲法違反）ではないか?」が、最も重要な行動指針となります。

「経営理念から外れているような行動は、してはいけない」……つまり経営理念は、社員にとっての〝ブレーキ〟の役割も果たします。

「売上が上がればどんな手段を使ってもいいだろう」

「利益が出るんだからこんな事業もやるべきだ」

……社員がそんなふうに考えて、チームワークが乱れる、あるいは不祥事、コンプライアンス違反まで起こしてしまう……。これも経営理念が希薄だからです。

前章でお話しした「部下に直して欲しいところは経営理念に照らし合わせて伝える」というノウハウも、経営理念の『憲法』『ブレーキ』としての役割を使ったやり方です。

社内における「絶対的な価値観」、それが経営理念です。

◯あなたの会社の社員に「プライド」はあるか？

イソップ寓話として知られる「3人のレンガ職人」の話をご存じでしょうか？

1人の旅人が、旅の途中でレンガを積む仕事をしている3人の職人に出会います。

それぞれに「何をしているんですか？」と訊ねたところ……。

最初に出会った職人はレンガを積んでいる自分の仕事を「朝から晩までレンガを積んで大変だよ。なんでこんなことばかりしなきゃならないんだ」と愚痴をこぼします。

次に出会ったレンガ職人は自分の仕事について「家族を養うために一生懸命やっているのさ」と頑張っています。

そして3人目に出会ったレンガ職人は、「レンガを積んで、歴史に残る偉大な大聖堂を作っているんだ！」と、喜びに満ちて答えました。

……働くことの〝意味〟次第で、仕事への喜び、幸福感も大きく変わるということを表したお話として、多くのビジネス書でもよく例として出されているお話です。

経営理念とはまさに、「（その会社で）働くことの意味」を示したものといえます。

働くことの意味としてそこに使命感を見出し、自身の仕事にプライドを持つことができれば、社員は喜んで仕事をしてくれることでしょう。

自分の仕事にプライドを持つことができれば、簡単に転職や副業などを考えることもないでしょう。もちろん、目の前の仕事には全力を尽くして取り組むでしょう。経営理念はすなわち「社員にとってのプライド」でもある、ということを知っておきたいものです。だからこそ、適当には作れないのです。

手前味噌になりますが、私も私の会社の社員には、経営理念に示された「本物の一流専門家集団」「地球に貢献」という言葉に、プライドを持ってもらいたいと願っています。

○そして理念は経営者を成長させる

今でこそ、経営理念の大切さ、社員にプライドを持ってもらうことの大切さを心からわかっている私ですが、実はかつてはそれとは真逆の「ワンマン経営者」であったという恥ずべき過去もあります。

「なぜできないんだ！」
「もっとしっかりやれ！」
「そのくらい自分で考えろ！」

……そんな言葉が社内での私の口癖となっていて、社員たちは皆、戦々恐々としていました。仕事の意味も自分のやっていることへのプライドも何もありません。誰もが私に怒られないようにすることだけを考え、毎日を過ごしてていたことでしょう。

そんな状況のなか、幹部社員の離脱騒動が起こります。当時経営していた税理士事務所の副所長、統括部長、課長らが、次々と辞めていったのです。

しかもそれは突然の出来事です。彼らの〝本音〟を聞く機会も、会社の将来についてじっくり話し合うこともありませんでした。

「拠り所となる理念、目指すべき姿＝ビジョンがなければ、人はついてこない」

「社員が何を考えているか？　何に対して不満を持っているのかは、上司自らが直接話す機会を持って見つけ出さなければならない」

そう強く感じた出来事でした。

○本当に欲しい人を採用できているか？

「社員が辞めてしまうことのつらさ、さびしさ」は、私も強く実感していることです。そして多くのクライアント企業の経営者の方も、「人が辞める」ことは精神的に大きなダメージとなるようです。

社員が転職を考えるのは、今の社会のなかではある意味自由なことです。しかし会社側、経営者にとってはそうした自由はありません。

「あの人はウチの会社に合わない。だから辞めてもらおう」

もちろん、そんなことが簡単にできるわけはありません。

「あの人は辞めたいと言っているけれど、ウチにとっては必要な人材。辞めさせないぞ」

そんなこともタブーです。

そこで気をつけなければならないのが、「採用」の段階です。

「人手が足りないから人を入れよう」

「誰かが辞めたから、その穴を埋めよう」

そうした「理念なき採用」は、結果として〝会社に合わない人〟を入社させてしまうことにもなります。

1対1面談をはじめとした普段からのマネジメントはもちろん大切な取り組みですが、そもそも「会社の理念に共感してくれる人」を集めるためには、採用の時点でそんな人が応募してきてくれるようにしなければなりません。

そのためには、経営理念を声高に宣言するべき、〝旗を掲げる〟べきでしょう。

「いい人が来ない……」と悩む会社の多くは、経営理念を定めていない、というのが現実です。「ウチには経営理念、ありますよ」という会社でも、それを世の中にアピールすることなく、単に社内で〝お飾り〟にしていることがよくあります。


「ウチの会社は、こういうことを目指しています」

「ウチの会社の社員であれば、こんなことにプライドを持つことができます」

「5年後、10年後はこうなっていたいんです」


……それら会社の価値観を表明して、そこに共感する人が集まってくれるという姿こそ、理想的な組織の姿でしょう。

少なくとも経営理念は会社のホームページに大きく明示するべきですし、また採用面接の際にも応募者に理念について話せるようにしなければなりません。

◎理念を潜在意識に叩き込む

経営理念が〝お飾り〟になっているというお話をしましたが、では、会社の日々の活動のなかで、経営理念を社員に浸透させ実践させるには、どのような取り組みが必要でしょうか？

1対1面談の際に経営理念について話すことも必要ですが、前述のように、1対1面談はあくまでも「部下のため」の時間です。理念の話に終始してしまうわけにはいきません。

必要なのは「毎日の習慣」です。

私たちが理念の浸透のために実践している習慣のひとつが、理念の「唱和」です。朝礼の場、各種会議の場で、その都度経営理念、ビジョンを出席者全員で読み合わせします。この習慣はもちろん、リモートワークでオンライン上の会議となった際にも同様です。

「みんなで唱和する」というと、何だか古めかしい習慣かと思われるかもしれませんが、実際の効果は大きなものです。

「自分の出した声を自分で聴く」ことで、潜在意識にその言葉が叩き込まれます。脳科学・コーチングの世界でいう「アファメーション」の効果ですね。

潜在意識に理念がインストールされれば、自然とその理念に反する行動ができなくなるものです。まさに〝理念が染みついた〟状態といえるでしょう。

「唱和なんて古くさい」

「何だか宗教っぽい」

……そんな思い込みを捨てて、社内で試してみてはいかがでしょう。

※経営理念の浸透方法に関しては、拙著『社員を喜ばせる経営』(現代書林)で詳しく紹介させていただいています。興味のある方はぜひご一読ください。

理念があなたの社員を守る

組織づくりにおいて経営理念の存在が非常に大切であることは、おわかりいただけたかと思います。

これほどまでに大切な経営理念ですから、それを遵守しようとする社員は、会社として全力で守ってあげなければなりません。

たとえばお客様の違法行為に手を貸すようなことは絶対にしてはならないことですし、それを阻止しようとする社員の行動は当然支持すべきものです。

こうした社員の（理念に従った）正しい行動を後押しする仕組みが、私たちの「お客様カミナリカード」というものです。

私たちの会社では、お客様から苦情やお叱りを受けた際にその内容を書き入れ上司に報告するための「カミナリカード」という書類がありました（現在は「自己成長カード」という名称になっています）。「お客様カミナリカード」はこれの発展バージョンです。

お客様の動きに「これは良くない」ということがあった場合、その内容をカードに書き込み、上司に提出します。上司は、社員の行動が経営理念に外れていないと判断した場合、そのカードを今度は社長に提出します。

最終的には上司、あるいはそのさらに上の幹部がお客様の元へ出向き、自分たちの考えを説明し、それでもなお理解していただけない場合にはビジネスの中止もやむを得ません。

おわかりのように、これは経営理念を貫こうとする社員を会社が一丸となって守るための仕組みなわけです。

当然、お客様とのビジネスが中止になればそのぶん売上はダウンするでしょう。「あの会社は生意気だ」などという評判が立つかもしれません。

それでも、私たちは売上や評判を第一にビジネスをしているわけではないのです。何のためのビジネスかと問われれば、それは「経営理念の実現のため」です。理念の実現のために動いてくれる仲間を守るシステムも、会社にとって必要なものなのです。

◎「会社を伸ばす」取り組みを！

「会社は社長の器以上のものにはならない」

これは私が身にしみて共感する言葉です。

かつての独裁的で怒ってばかりの私は、今よりも器が小さな経営者だったと思います。その器の小ささゆえに、多くの人に去られたという悲しい出来事もありました。

そんな経験を元に、社員を信じること、理念を掲げることの大切さを学びました。

「社長の器を大きくする」……それは社長一人が頑張ってできることではありません。全社員を信じ、任せ、そして社員が〝社長の肩の上に乗る〟ことによって、社長の器は大きくなるものです。

これは私自身が、そして多くのクライアント企業が実証していることでもあります。

経営理念という、会社の絶対的な価値観がなければ、そしてそれを社員が体現していなければ、社員を信じることはできないでしょう。

また、1対1面談のように「社員を知る機会」を持つことができなければ、これもまた社員を信じ、仕事を任せることはできません。

経営理念に共感する人々が社長の肩の上に乗り、社長の器を大きくする。結果、会社が大きく成長する。

これは単なる理想ではなく、会社の取り組み次第なのです。

おわりに

ここまでお読みいただいたあなたは、自社の社員の人生における幸せや成功を、強く願っている方でしょう。

そのためにさまざまな知識を身に付け、実践しようと努力している……。

実にすばらしいことです。

では、ビジネス人生においてのとても大きな幸せ、成功とは何だと思われますか？

当然人によってさまざまな価値観があるはずです。

私の場合、それは、自分の「天職」を見出し、そのためにビジネスに邁進することだと考えています。

仕事そのものを〝生きがい〟と感じられること、と言ってもいいでしょう。

「人は生まれたときに手紙を授けられる。そしてその手紙の中には自分がこの世でやらなければならない『使命』が書かれている」

……そんなお話を聞いたことがあります。

その〝手紙〟を一生開けずに終わってしまう人も多いでしょう。手紙を開けることができた、ということは、すなわち自分の天職に気づくことができたということです。

私も幸いなことに、数々のビジネス経験、苦難を乗り越えてきた経験からその手紙を開けることができたと感じています。

そこに書かれていた私の天職……それが今の「世の中に、100年続く企業を創り出すこと」というものだったわけです。

では、100年続く企業の最大のカギとなるものは何でしょう?

もうおわかりかと思いますが、それは人＝「社員」の存在です。

たとえばすばらしくビジネスセンスに長けた創業社長がいた。死ぬ気で頑張って働いた。さらに社長のアイデアを実行する優秀な幹部スタッフがいた……。

しかし、それだけでは、企業を100年も永続させることなどできません。

社長の「理念」を守り抜き、さらにその理念を次の世代へのバトンとして受け渡してくれる、そんな、すべてを信じて仕事を任せることのできる社員たちの存在が不可欠なのです。

これはどんなにビジネスパーソンの働き方が変わっても、変わることのない真実でしょう。

そのため私たちのクライアント企業も、「人」の問題には懸命に取り組んでいます。

さまざまなイベントを企画し、社員に自然と仕事の楽しさを知ってもらおうとする中小企業社長。

リモートワークが一般化したなか、社員との親睦をはかるために〝オンライン飲み会〟を開催する部課長。

多くの人々が、自社のかけがえのない人材のために知恵をしぼり、また汗をかいています。

それでも、多様化した価値観のなかでは、そんなリーダーたちの努力を受け入れてくれないという社員もいることでしょう。

「自分のやっていることは的外れなのではないか」

「社員は自分のほうを見てくれてはいないのではないか」

……そんな空しさに苛まれることもあるかも知れません。

それでも私は、頑張っているリーダーたちを応援し続けていきたいと思います。

「社員の存在こそが、企業を永続させる」

このことを心から信じているからです。


この本で紹介した面談のノウハウも、時代の流れと共にいずれアップデートされることでしょう。

その際には、あらためて最新のノウハウを、自信を持って紹介させていただきたいと思います。

もしも私が居なくなったとしても、私の信頼する社員が、それを受け継いでくれるはずです。


また、私たちの理念に共感していただけるクライアントをはじめ、多くの味方の存在もとても心強いものです。

本書の企画・制作・発行の実現も、もちろん私一人だけの力で成し得たものではありません。

株式会社アクティビスタの河合克仁さん、ＩＰＳ出版株式会社の長倉顕太さん、ＴＯＭＡコンサルタンツグループ株式会社取締役・ビジネスサポート部長の市丸純子さん、ＴＯＭＡコンサルタンツグループ株式会社取締役・ＴＯＭＡ社会保険労務士法人代表社員の渡邉哲史さん、ＴＯＭＡ１００年企業創りコンサルタンツ株式会社メンバー、そして株式会社水王舎の皆様。誠にありがとうございました。

最後に……。

「天職」のお話をしましたが、ここでちょっと想像してみてください。

あなたのみならず、あなたが信頼する社員の方々が、さまざまな努力によって自分の天職に気づいたとしたら？

しかもそれが、会社の理念に従ったものだとしたら？

それはリーダーにとって、最高の喜びであるはずです。

そして、「明るく・楽しく・元気に・前向き」な姿勢こそが、天職を見つけるためのベースとなる。
私はそう信じています。

藤間秋男

藤間秋男より
購入者限定のご案内

プレゼントキャンペーン実施中！

『部下とは 15分 だけ話しなさい！』の
アンケートにお答えいただくと･･･
なんと書籍1冊と小冊子3冊をプレゼント!!!

スペシャル特典の内容

1. 『社員を喜ばせる経営ー
今いる人材が辞めずに育つ』
藤間 秋男 著

2. 後継者探し・100年企業創りに役立つ
小冊子【3冊】

お申込みは
コチラ

https://toma100.jp/only15minutes.html

【ご注意】
- 上記購入特典は、TOMA100年企業創りコンサルタンツ株式会社が提供するコンテンツです。本書の出版元である株式会社水王舎はその内容に関知しておりませんので、内容に関するお問い合わせ、サポート、保証等には対応できません。あらかじめご了承ください。
- 上記購入特典はインターネット接続のないお客様への提供は行っておりません。
- 上記購入特典は、事前の予告なく公開を終了する可能性があります。株式会社水王舎は上記ウェブサイトのアドレス変更、公開中止等があっても、書籍の返品には応じられませんので、あらかじめご了承ください。
- 本キャンペーンは2023年9月末までの期間限定企画となります。

●著者略歴

藤間秋男（とうま・あきお）

TOMAコンサルタンツグループ株式会社代表取締役会長
TOMA100年企業創りコンサルタンツ株式会社代表取締役社長
公認会計士／税理士／中小企業診断士／行政書士

1952年東京生まれ。慶應義塾大学卒業後、大手監査法人勤務を経て、1982年藤間公認会計士税理士事務所を開設。2012年より分社化して、TOMAコンサルタンツグループ株式会社を母体とする200名のコンサルティングファームを構築。

100年企業創りと事業承継をライフワークとし、関連セミナーを1500回以上開催。老舗企業を集めたイベント「100年企業サミット」を主催するほか、雑誌やテレビ等で老舗企業取材も多数経験。

著書に『中小企業のための成功する事業承継 心得88』『どんな危機にも打ち勝つ100年企業の法則』(ともにPHP研究所)、『永続企業の創り方10ヶ条』(平成出版)、『2時間でざっくりつかむ！ 中小企業の「事業承継」はじめに読む本』(すばる舎)『社長引退勧告』(幻冬舎)『社員を喜ばす経営』(現代書林)『100年残したい日本の会社』(扶桑社) などがある。

東京都倫理法人会幹事長、元日本青年会議所議長・委員長、ニュービジネス協議会会員、東京中小企業家同友会会員、元盛和塾会員、日創研経営研究会会員、銀座ロータリークラブ会員。

「TOMA式面談」5つのプロセスと7つのテクニック
部下とは15分だけ話しなさい!

2023年2月 5日　第1刷発行
2023年2月25日　第2刷発行

著　者　藤間秋男
発行人　出口 汪
発行所　株式会社 水王舎
〒150-0012
東京都渋谷区広尾5-14-2
電話 03-6304-0201
印　刷　日新印刷
製　本　日新印刷

落丁、乱丁本はお取り替えいたします。

ISBN978-4-86470-172-3　C0034